MW01171784

Crónicas del Anonimato: Ortopraxis

C.F. Laracuente

Crónicas del Anonimato: Ortopraxis

Todos los Derechos Reservados © 2023 por C.F. Laracuente

Publicación Independiente por C.F. Laracuente

ISBN: 979-8-89074-309-1
Diseño Portadas & Interior: Benny Rodríguez (AcademiaDeAutores.com)

Todos los derechos reservados. Esta obra en su totalidad esta protegida y no puede ser reproducida, guardada en un sistema de almacenamiento de información, ni transmitida en ninguna forma por ningún medio (electrónico, mecánico, de fotocopiado, grabación, etc.) sin el expreso permiso previo del autor, excepto para breves citas y reseñas siguiendo las reglas y normas éticas de citaciones de textos. Esta publicación contiene las opiniones e ideas de su autor basadas en su propia experiencia e interpretación bíblica.

Versículos bíblicos indicados con RVR60 han sido tomados de la Santa Biblia, versión Reina Valera Revisada 1960. ©1960 Sociedades Bíblicas en América Latina; ©renovado 1988 Sociedades Bíblicas Unidas. Utilizado con permiso. Reina Valera 1960© es una marca registrada de la American Bible Society.

Categoría: Vida Cristiana / Inspiración

Dedicatoria

A aquello/as que han hecho el ejercicio de la fe desde un escenario poco convencional; llámense enfermedad terminal, pérdidas inesperadas, terremotos, pandemia, recesión económica; etc.

A ustedes sean estas páginas. Ciertamente, son anónimos en la Tierra, pero reconocidos en el Cielo.

Reconocimientos

Definitivamente, gracias a todos los que se me acercan para narrarme de manera testimonial de como Dios a través de "Crónicas del anonimato: Vol. 1 y 2" les ha amonestado, confrontado, exhortado y ministrado de manera muy íntima; y así volver a experimentar la presencia de Dios. Me siento inmerecido de tal honor.

Nuevamente, no tengo palabras para expresar mi gratitud a mi amada esposa, Lizbeth. Me sigue sorprendiendo su polivalencia en todo lo que hace. Excelente mujer, amiga, hija, esposa y madre. Me ministra muchísimo que tus tiempos más reflexivos hacia Dios son aquellos cuando parece estar distante. Cuando mucho/as en dichos tiempos nos alejamos y molestamos de Dios; sin embargo, tú intensificas la búsqueda hacia Él.

Finalmente, mis honras a mis padres, Carlos y Ada por sus cuidados, detalles y disposición genuina. Son una bendición...Y si hoy, mi vida es instrumento de Dios para pocos o muchos es por su ejemplo y modelaje. Gracias mami y papi.

Tabla de Contenido

Prefacio

L a palabra "ortopraxis" viene de las palabras griegas *orthós*, que significa recto o correcto, y *praxis*, que significa hecho, acción o práctica. La ortopraxis está evidentemente orientada a ser entendida en comparación con la ortodoxia.

Si la ortodoxia tiene que ver con la CREENCIA correcta, la ortopraxis se orienta a la ACCIÓN correcta; más bien representa una relación crítica entre doctrina o teoría, por una parte, y acción o práctica, por la otra. Doctrina y acción se condicionan o mediatizan la una a la otra. La doctrina debe demostrar su verdad en la práctica; la práctica debe estar inspirada por la doctrina y dar lugar a una nueva reflexión doctrinal.[1]

Ortopraxis, como término teológico, llega bajo el impacto de la "teología política" y de la "teología de la liberación", que se desarrolla desde finales de 1960 hasta el presente. Teólogos como J. Moltmann, J.B. Metz, G. Gutiérrez, J. L. Segundo y D. Sólle exponen ciertas falencias de pseudoespiritualidad que tiende centrarse demasiado en el individuo. Por lo menos, así lo ha demostrado de la teología trascendental neo-ortodoxa protestante.

La 'ortopraxis' expone que la verdadera espiritualidad (ortodoxia) exige una mayor atención a los imperativos sociales y políticos de la tradición judeó-cristiana.

Los textos de los profetas abundan en referencias a una 'ortopraxis' como traducción de la ortodoxia y como su verificación concreta, sobre todo cuando se trata de denunciar temas como la injusticia y la opresión de los derechos de los más pobres. También en el Nuevo Testamento es fácil encontrar esta misma idea de fondo: Jesús recuerda que *"no todo el que me dice: ¡Señor, Señor! entrará en el reino de los cielos, sino el que hace la voluntad de mi Padre que está en los cielos"* (Mt 7:21).

Del mismo modo, llama bienaventurados y; por tanto, partícipes de su reino mesiánico a los que *"construyen la paz"* (Mt 5:9). Lo recuerda también con firmeza la Carta de Santiago: *"Tú tienes fe; yo tengo obras; muéstrame tu fe sin las obras, que yo por las obras te haré ver mi fe"* (Sant 2:18).[2]

Así que, esta comunidad de fe del siglo I d.e.C. llamados cristianos no está reprendiendo la pobreza, sino que la usan como herramienta poderosa para servir los unos a los otros. Su servicio no es una obligación o imposición. Es el resultado de la comprensión del amor de Dios. En medio de este pequeño trasfondo socio-cultural de la comunidad de creyentes llamados cristianos surge la necesidad de servir en las mesas. Que antes de hacer las proezas que conocemos de varios de ellos; su función principal era servir a otros, aunque sus nombres no hubieran sido mencionados. Eso es ser anónimo.

Es de suma importancia percatarnos que este momento en Hechos 6 es cuando por primera vez se menciona el término *servidor* que no es lo mismo que *diáconos* en Filipenses 1:1; 1 Timoteo 3: 8-13. Entre la narrativa del libro de Hechos y Timoteo existen diferencia de varios años. Cuando está aconteciendo el nacimiento de la iglesia en Hechos no existía ninguna estructura jerárquica de liderazgo en la comunidad, ya para las comunidades de fe posteriores como la de Timoteo existía una organización más estructurada dentro de su eclesiología. El término *servidores* dentro del contexto de Hechos 6 se refiere a funcionalidad. El término *diaconía* se refiere a algo más a lo posicional.

Lo que nos hace efectivo en servir es lo funcional más que lo posicional. Lamentablemente, se puede ocupar una posición de diácono y ser un servidor disfuncional. También se puede ser un servidor funcional sin necesariamente tener un título de diácono. Lo idóneo sería que aquellos que ocupemos una posición de *diaconía* sean nuestras funciones congruentes con lo ocupado.

Algunos sirven por los resultados que esperan tener o por posiciones que desean tener. En ese momento, es cuando el servicio se convierte en esclavitud. Es cuando hacemos lo correcto con intenciones incorrectas.

Estos pilares que les mencionaré no sirvieron por un título, reconocimiento o favor ministerial. Normalmente, lo que recordamos de Esteban es su martirio; de Felipe es su intervención con el etíope. Pero en ocasiones obviamos que la primera vez que se les menciona es como servidores. En breve, iniciamos su historia...

- C.F. Laracuente

Prólogo

Existe una contradicción que he observado por años al estudiar la conducta humana y es que muchas personas conocen mucho, pero hacen poco. La ortodoxia nunca debe ir separada de la ortopraxis. Si existe una figura transcendental que evidenció lo que decía con lo que hacía fue Jesús. Hoy en día, no es común ver creyentes que evidencian lo que hacen con lo que dicen. Y es en momentos como este que necesitamos hombres que levanten su voz y denuncien esta falta de coherencia.

La obra literaria que tiene en sus manos viene de un autor que conozco personalmente y que evidencia ese anónimo que no busca seguidores en sus redes sociales ni busca ser políticamente correcto para caer bien a las masas.

La vida de mi amigo, Carlos es un anónimo que busca servir a anónimos. Definitivamente, es inspiración para las vidas que lo conocen. Su escrito nos muestra los pilares de aquellos personajes bíblicos anónimos que anhelaban parecerse más a Cristo por medio de su ortopraxis.

Para poder ejemplificarlo de forma más clara uso una de sus citas: "Las prudentes representan a los creyentes que viven la *dóxa* que es honor a Dios. Las insensatas representan también a creyentes, pero que viven una vida de *atimía* que es deshonra a Dios". No podemos profesar una fe divorciada del servicio a los demás.

Bien lo demarca Jesús en Mateo 22:36-40 en los dos mandamientos de la ley y de los profetas. Si amas a Dios, ama a tu prójimo. 1 Juan 4:20 hace la conexión: "Si alguno dice. Yo amo a Dios, y aborrece a su hermano, es mentiroso. Porque el que no ama a su hermano al cual ha visto. ¿Cómo puede amar a Dios a quien no ha visto? "

El lenguaje del amor es el servicio. Mateo va dirigido a un intérprete de ley que conocía la ortodoxia (el Shema), pero en su ortopraxis no se evidenciaba el amor por otros. Y Juan dirigido a las comunidades de Asia Menor y como debían vivir en sintonía con su fe y amor.

Cuando nuestra posición es incongruente con nuestra función, el evangelio se obscurece ocultando su luz como dice Lucas 11:33. "Ortopraxis" sirve como una voz de esperanza y transformación para una generación que necesita volver a la palabra haciendo la conexión entre el saber y el hacer. Las características de los anónimos íntimos como le llama Carlos, hablarán al corazón del lector, como me hablo personalmente a mí.

Mi exhortación al leer este tomo es que sea desafiado a vivir el evangelio de Jesús que cumplió la ley y manifestó la mayor expresión de amor por medio de la cruz entregándolo todo sin reservas.

Seamos imitadores de estos anónimos que reflejan la iglesia que predica a Cristo y vive como Cristo. Gracias amigo por ser una voz de esperanza para este tiempo.

Michael Córdova

Pastor Vida en Familia

MA Consejería Psicológica, Universidad Interamericana

Ministerio Pastoral, *Midwestern Baptist Theological Seminary & Spurgeon College*, Kansas City.

1

Introducción

La verdadera justicia social

M uy pronto esto despertaría un hambre y sed de Dios. Los de Roma no se quedaría de brazos cruzados por esta comunidad que amenazaba a la figura del César. Se iniciaría una cacería contra estos y aquellos que los seguían. Esto se conoce como persecución. Crímenes, violaciones de todo tipo, segregación, abuso y muerte era lo que le esperaba aquellos que habrían de seguir a esta comunidad.

Mientras más perseguían, más el Señor añadía. Esto rompía toda lógica. Esta comunidad de creyentes del Cristo no tenía posesiones, prestigio, reputación, más daban seguridad a los que cobijaban, sanaban al enfermo, liberaban al cautivo, reconciliaban al oprimido, consolaban a las viudas y huérfanos.

Estos eran los rasgos genotípicos y fenotípicos dentro de la espiritualidad de esos siete anónimos íntimos que iniciarían lo que vendría a ser la iglesia de Jesucristo. Esto merece repetirse, antes de que Esteban fuera el primer mártir de este cristianismo naciente.

Antes que Felipe tuviera la experiencia con el etíope; antes que se mencionara los otros cinco (Prócoro, Nicanor, Timón, Parmenas, y Nicolás) estos eran servidores de las viudas y huérfanos. Se escogieron a estos siete eran porque cumplían con los prerrequisitos básicos de ser de <u>buen testimonio</u>, <u>llenos de Espíritu Santo</u> y <u>sabiduría</u>. Estos tenían intimidad con Dios, mas compromiso con el prójimo. Tenían dones y frutos. Tenían talentos, mas el carácter de Dios.

Estos no se les darían el cargo de predicar todos domingos, de ser directores de alabanza o de estar en las primeras filas. ¡No! Estos atenderían a los anónimos y anónimas que ni tienen nombre, que lo único que sabemos es que eran viudas y huérfanos, a los invisibles de la sociedad, a los rezagados de la humanidad, a los menospreciados de la civilización.

De estos pilares apenas tenemos unos pocos versos que nos cuentan sus historias y hazañas. Mas sobre ellos se fundamentaron columnas que propiciarían que aquella comunidad de creyentes se convirtiera en una voz de esperanza y transformación. Estos representan a ese Jesús que hacía que los que estaban alrededor de él se reconectaran con la vida. Ese Jesús que nunca vino preeminentemente a conquistar el mundo sino a transformar los corazones.

Estos pilares tenían ese ADN celestial. Adentrémonos en el mundo de estos anónimos íntimos; helenistas[3], judíos nacidos en tierra extranjera, cuya lengua habitual era el griego. Estos entran en escena por una problemática surgida en la comunidad.

En Hechos 4: 35[b] Lucas cuenta como las ganancias de la venta de las propiedades puestas a los pies de los apóstoles eran «*distribuidas a cada cual según sus necesidades*» Al parecer, esa distribución no siempre era hecha como debería hacerse, pues «*los helenistas comenzaron a criticar a los hebreos porque en el suministro diario de comida sus viudas quedaban desatendidas*». (6, 1)

Para corregir este problema, los doce no tuvieron reparo alguno en reestructurar la primera comunidad, proponiendo constituir un grupo de siete personas que pudieran *servir a las mesas* y encargarse de la distribución. Hacen esto, para que los doce puedan continuar sin distracción alguna con la tarea más importante; la oración y el ministerio de la Palabra. La propuesta de los doce fue aprobada por toda la comunidad y escogieron a siete. Estos son comisionados para su tarea por los apóstoles, que oran y les imponen las manos. Había que conservar la paz y la unidad, pero no a costa de que los doce tuvieran que perder tiempo en otros quehaceres. Los doce aparecen con un claro sentido de lo que es prioritario. De manera que el conflicto se resuelve dentro de la Iglesia.[4]

Aquí hay una señal importantísima y es que esta comunidad no es infalible o perfecta. Mas bien tiene un proceder saludable para atender sus necesidades. Una comunidad de íntimos no es la que es perfecta, sino la que es saludable. La perfección es una utopía del humano. Pablo nos exhorta que tal inclinación es insaludable. La perfección no es un atributo que le pertenece al ser humano. Con esto no busco respaldar a la mediocridad u otorgar licencia para pecar. Simplemente, es que la perfección es un atributo que le pertenece a Dios.

1 Juan 1:4 nos exhorta:

*"Nadie ha visto jamás a Dios. Si nos amamos unos a otros, Dios permanece en nosotros, y su amor se ha **perfeccionado** en nosotros."*

Nosotros somos perfeccionados; Dios es perfecto. Dios nunca ha estado buscando personas perfectas; el busca personas imperfectas para hacer cosas perfectas. La salud de esta comunidad no radica en la perfección. Más bien en la disponibilidad y diligencia de atender sus problemáticas. Eso es tener una vida saludable...

Así es esta comunidad. Además, estos siete llevan nombres griegos y ya eso denota un precedente. Visualicemos a una comunidad solidaria, y ahora se muestra como cuidan de sus viudas. Las viudas tenían con frecuencia necesidades particulares y eran vulnerables al abuso y la negligencia, pues habían perdido a sus mandos o maridos, su principal fuente de apoyo y sustento, en una sociedad dominada por varones (Lc. 7, 12).

La suerte de la viuda, reducida con frecuencia a la pobreza por la muerte de su marido, era un tema sobre el que la ley y los profetas hablaron con frecuencia (Dt. 14,29; 24,27, 26,12, Is. 1,23, 10,2, Jr. 7, 6, 22, 3; Mal 3, 5). La historia en Lucas relata ahora cómo los cristianos de Jerusalén descubren la forma de ayudar a dichas mujeres, pero de lo que da cuenta realmente es del inicio de la reestructuración de la primera comunidad.

¿Qué tal si nos adentramos a escudriñar algunas de las características intangibles de estas siete columnas?

2

Esteban

V iene del griego *stephanos* que es 'corona'. Es uno de los siete y el primer mártir, esto permite al lector ver como Esteban llegó a ocupar un lugar prominente en la comunidad de Jerusalén, y así Lucas prepara al lector para la narración de su historia.

Este pilar hace que los capítulos 6 y 7 sean importantes en la narración lucana, pues presentan a Esteban y su discurso justo antes de que dé comienzo la historia sobre el segundo héroe de los Hechos, Saulo de Tarso. El discurso de Esteban y su posterior martirio proporcionan así el escenario de la historia de Pablo y su misión a los gentiles.

Finalmente, aunque Esteban sufre la misma suerte que Jesús; ese es el baluarte de este primer pilar. La primera característica de estas columnas es el sacrificio por amor que conlleva a la muerte. La iglesia sin sacrificio es nula. Sería como visualizar el mar sin agua; el aire sin oxígeno; un triángulo sin ángulos; un cuerpo sin alma; un amor sin entrega. Esteban tipifica al gen básico del cristianismo, el amor sacrificial.

Esteban dignifica este primer pilar que debe estar en un íntimo, que es la *corona* (στέφανος) que era una prenda de honor público por servicios distinguidos, poder militar, etc., o de gozo nupcial, o de alegría festiva, especialmente en la aparición pública de los reyes.[5]

Corona dentro del contexto neo-testamentario es galardón que era una recompensa.

"Porque es necesario que todos comparezcamos ante el tribunal de Cristo, para que cada uno reciba lo que le corresponda, según lo bueno o malo que haya hecho mientras vivió en el cuerpo." (2 Co. 5:10)

Para entender más a fondo la cosmovisión de galardón hay que entrar en un poco de escatología. Al evaluar el término *tribunal* se acentúa la trascendencia del cuerpo ante la muerte, y hace de esa actividad la base del juicio final. Aquí hace referencia a ese tribunal como la silla de Cristo donde se enjuiciará no el aspecto de la salvación sino las obras.

En otras palabras, Dios juzgará las acciones que el creyente ha cometido en esta tierra, no al creyente como tal. También en Apocalipsis 22:12 sirve para enfatizar que las recompensas eternas del cristiano son atadas a sus acciones aquí en la Tierra.

"He aquí yo vengo pronto, y mi galardón conmigo, para recompensar a cada uno según sea su obra."

Este tribunal no es el mismo marco representativo de las cortes occidentales. Este tribunal que se refiere a la silla de Cristo viene de la palabra griega *"bema"* significa "el Trono de juicio". Durante las antiguas Olimpiadas griegas, el juez de la competición ocupaba un asiento elevado. Cuando acababa la competición los diferentes competidores acudían a su presencia para recibir sus premios. **No se trataba de un juicio para determinar si alguien merecía ser condenado, sino un trono para dar recompensas.** En este tribunal todo creyente podría recibir galardones. (1 Co. 4:5)

Existen cinco galardones particulares en la escatología cristiana:

    1. La corona incorruptible (1 Co. 9:25)

    2. La corona de gozo (1 Ts. 2:19)

    3. La corona de justicia (2 Tm. 4:8)

    4. La corona de la vida (Stgo. 1:12)

    5. La corona de la gloria (1 P 5:4)

El máximo valor de una corona no está en si misma sino en quien la otorga. Los íntimos evidencian esto en el anonimato y comprenden que la esencia de la acción de gracias es devolver a aquel lo que le corresponde, haciéndolo con extrema devoción. Esa es la unción de los ancianos...

"El máximo valor de una corona no está en si misma sino en quien la otorga"

*"Y siempre que aquellos seres vivientes dan gloria y honra y acción de gracias al que está sentado en el trono, al que vive por los siglos de los siglos, los veinticuatro ancianos se postran delante del que está sentado en el trono, y adoran al que vive por los siglos de los siglos, y **echan sus coronas delante del trono**, diciendo: Señor, digno eres de recibir la gloria y la honra y el poder; porque tú creaste todas las cosas, y por tu voluntad existen y fueron creadas."* (Ap. 4: 9-11)

Los Esteban de este tiempo devuelven a Dios todo lo que hacen. Lo que reciben de Dios se lo devuelven como ofrenda.

3

Felipe

S ignifica 'guerrero, amante de los caballos'. Recordemos, que los caballos se utilizaban solo como arma de guerra en las comunidades del Mediterráneo en el siglo I d.e.C. El caballo era instrumento o arma importantísima en la guerra. Felipe es un guerrero poco convencional, su arma es el evangelio. Se le conoce como el evangelista.

Este segundo pilar nos muestra el elemento detrás del evangelismo que es hacer discípulos. Para este pilar amar a Jesús representa una cosa; el hacer discípulos. Si la oración es la columna vertebral de la iglesia, el ser discípulo es el talón de Aquiles del creyente.

"Si la oración es la columna vertebral de la iglesia, ser discípulo es el talón de Aquiles del creyente"

Realmente es así. El ser discípulo, es ser como esa banda de tejidos que unen la parte posterior de la pierna con el talón. El ser discípulo une la confesión con la vivencia en Cristo. Los íntimos no se conforman con ser convertidos, sino ser discípulos. La formación es algo que sus corazones recibe y acepta. Fue la misión establecida por el Mesías para Su iglesia.

*"Por tanto, id, y haced **discípulos** a todas las naciones, bautizándolos en el nombre del Padre, y del Hijo, y del Espíritu Santo; enseñándoles que guarden todas las cosas que os he mandado; y he aquí yo estoy con vosotros todos los días, hasta el fin del mundo. Amén."* (Mt. 28: 19-20)

Aquí no dice *id, y haced convertidos a todas las naciones,* sino haced discípulos. Ciertamente, el primer paso antes de ser discípulo es ser convertido. Sin embargo, el problema radica cuando no se da la transición de conversión a ser discípulo.

Muchos aman a Jesús, pocos aceptan ser su discípulo. Perdonen si el ejemplo que voy a exponer les parece un poco grotesco. Si nuestro enfoque es en hacer convertidos y no discípulos es equivalente al que embaraza y no cría. Algo estaría incompleto. Los íntimos no viven de citas ocasionales con Dios sino viven de compromisos con él.

El etíope, un corazón íntimo

A los guerreros que usan el arma poderosa del Evangelio de Dios siempre se le cruzarán en el camino algún apasionado/a.

"Un ángel del Señor habló a Felipe, diciendo: Levántate y ve hacia el sur, por el camino que desciende de Jerusalén a Gaza, el cual es desierto. Entonces él se levantó y fue. Y sucedió que un etíope, eunuco, funcionario de Candace reina de los etíopes, el cual estaba sobre todos sus tesoros, y había venido a Jerusalén para adorar, volvía sentado en su carro, y leyendo al profeta Isaías.

Y el Espíritu dijo a Felipe: Acércate y júntate a ese carro. Acudiendo Felipe, le oyó que leía al profeta Isaías, y dijo: <u>Pero ¿entiendes lo que lees? Él dijo: ¿Y cómo podré, si alguno no me enseñare?</u> Y rogó a Felipe que subiese y se sentara con él. El pasaje de la Escritura que leía era este: Como oveja a la muerte fue llevado; Y como cordero mudo delante del que lo trasquila, Así no abrió su boca. En su humillación no se le hizo justicia; Mas su generación, ¿quién la contará? Porque fue quitada de la tierra su vida. Respondiendo el eunuco, dijo a Felipe: Te ruego que me digas: ¿de quién dice el profeta esto; ¿de sí mismo, o de algún otro? Entonces Felipe, abriendo su boca, y comenzando desde esta escritura, le anunció el evangelio de Jesús.

Y yendo por el camino, llegaron a cierta agua, y dijo el eunuco: Aquí hay agua; ¿qué impide que yo sea bautizado? Felipe dijo: Si crees de todo corazón, bien puedes. Y respondiendo, dijo: Creo que Jesucristo es el Hijo de Dios. Y mandó parar el carro; y descendieron ambos al agua, Felipe y el eunuco, y le bautizó. Cuando subieron del agua, el Espíritu del Señor arrebató a Felipe; y el eunuco no le vio más, y siguió gozoso su camino. Pero Felipe se encontró en Azoto; y pasando, anunciaba el evangelio en todas las ciudades, hasta que llegó a Cesárea." (Hch. 8: 26-40)

Creo que este etíope manifiesta el espíritu de una gran parte de esta generación, y lo está gritando: **¿Y cómo podré, si alguno no me enseñare?** Entiendo en ocasiones, que no es la falta de búsqueda de Dios los que más nos esta afecta, sino la falta de acercarnos, juntarnos y preguntar ¿entiendes lo que lees? Eso se llama empatía. Felipe no evangelizó simplemente, también discipuló.

El etíope hace algo característico de los íntimos y es mostrar un espíritu enseñable. Observe las indicaciones en Hechos 8:31[b] "*Y rogó a Felipe que subiese y se sentara con él.*"

Aquí hay tres elementos importantes del corazón del etíope:

- **Rogar:** del verbo griego *parakaleo* (παρακαλέω). Denota literalmente llamar al lado de uno, o llamado en auxilio de uno. La connotación de este ruego no tiene que ver con súplica por la vida o humillación. Los íntimos cuando necesitan auxilio, no vacilan en pedirlo. Tanto es así que en la exégesis del texto, rogar tiene un significado aún más intenso que es verbo *aiteo*. Se podría definir rogar como la desesperación de conocer a alguien. Los íntimos hacen guerra con la mejor arma, el ruego...

- **Subirse:** el etíope le ruega a Felipe que se suba al carro (del griego *jarma*). En este texto, *jarma* denota un carro de guerra con dos ruedas. ¿Recuerdas que Felipe significa guerrero o amantes de caballos? Además, ¿qué representa el subirse al carro? Entrar al lugar íntimo. Recordemos que los carros que además de ser para guerra, eran tu hogar provisional.

- **Sentarse:** el desenlace de un encuentro. Muchas de las expresiones de Dios manifestándose a sus hijos está el factor de sentarse. Este sentarse nada tiene que ver con cansancio o distracción. El sentarse en este contexto tiene que ver con contemplación.

Una de las expresiones más tiernas hacia este tema la encontramos en Mateo 5:1 *"Viendo la multitud, subió al monte; y **sentándose**, vinieron a él sus discípulos."* Uno de los discursos más sublimes y pragmáticos del Jesucristo es el sermón del Monte. Este que sería el sermón que destapa el corazón de ese salvador. Lo que vendría a ser el código ético-moral del ser humano.

Palabras, frases, enseñanzas y principios allí expresados, serían luego referencias populares para crear posteriormente constituciones y forjar naciones. ¿Qué sucedió momentos antes de que Jesús empezara su ponencia homilética? Se sentó, no por cansancio, pereza, comodidad, sino como aquel que va a expresar secretos de su corazón. Eso y muchas otras cosas; era lo que hacía a Jesús ser un íntimo...

Roguemos como el etíope para que el Señor se suba a nuestro corazón y sentémonos para enamorarnos más a medida que aprendemos de Su amor afable. El etíope representa uno de los componentes básicos de los anónimos íntimos que es de *mathētēs*, que es discípulo en el griego. El termino *discípulo* abunda en los evangelios, usado en el sentido de *seguidores* de Jesús el *maestro*. Por lo demás, no aparece en el resto del Nuevo Testamento. Su presencia en los evangelios puede explicarse por la creciente influencia helenística en esa tradición.

Por contraste, en el Antiguo Testamento puede leerse con frecuencia la palabra *seguidores* hijos de los profetas (1 Re 20, 35; 2 Re 2, 3: 5-7, 15, 5: 22, 6, 1, 9), Eliseo, que *siguió* tras Elías (1 Re 19, 20), Baruc y Jeremías, pero a Elías y a Baruc nunca se les llama *discípulos*. En el mundo griego, desde el siglo V a.e.c. en adelante, aparecen *discípulos* de maestros eminentes de los sofistas, Pitágoras, los estoicos, epicúreos y Sócrates no permitiría que sus compañeros fueran llamados *mathetai*, y en esto le siguieron Platón[6] y Aristóteles, pero otros muchos fomentaron la idea, y entre ellos surgió el concepto de *mimesis*, (imitación).

El uso copioso en los evangelios de *akolouthein*, (seguir), indica que éste era el término primitivo, derivado del uso veterotestamentario,[7] para designar la relación de los compañeros de Jesús respecto a él. La gradual adopción del término griego *mathētēs* revela la reinterpretación de esa relación como *discipulado*, a medida que los evangelios eran compuestos en el mundo grecorromano.

La unción de este segundo pilar llamado Felipe se conoce como el anuncio del evangelio de Jesús que su desenlace está en hacer discípulos. Que la unción del etíope se manifieste en toda la Tierra y como Felipes, seamos apercibidos a preguntar: ¿entiendes lo que lees?

4

Prócoro

Nuestro tercer pilar, significa 'el que dirige el coro de los danzantes'. Si algo tiene Dios en su dimensión es una funcionalidad de corista; mas no de solista.

Coro, del latín *chorus* (aunque con origen más remoto en la lengua griega), es el conjunto de las personas que, en una función musical, cantan simultáneamente una misma pieza. Además, la palabra coro tiene que ver con varios, muchos, variabilidad. Al observar a Dios en el creacionismo, este creó muchos (*coro*) colores, contornos, organismos vivos, seres humanos con capacidad de propagar la especie, espacios topográficos, etc.

En el área conductual, creó muchas (*coro*) personalidades, expresiones, ideas, talentos, carismas, dones. En la espiritualidad, la Biblia nos narra miles (*coro*) adoran a Dios (Ap. 14:3). Lo vemos también el efecto del coro en la historia de la caída de los muros de Jericó: *"Entonces el pueblo gritó,"* (Jos. 6:20ª). No fue uno sola persona que gritó. Fue el pueblo completo (*coro*) el que gritó.

La esencia de los íntimos está en incluir a todos para derribar las murallas de nuestra vida. En otras palabras, saben que en los números hay una fuerza implícita que facilita las victorias cuando hay un mismo espíritu. Hay ciertas murallas en la vida que no caerán por el individualismo sino por incluir al pueblo (*coro*). Vemos que este Dios se mueve en la pluralidad.

Esto en la espiritualidad, se denota magistralmente, cuando el Señor al ministrarnos por su Palabra, con un cántico de adoración, una expresión de talento (danza, drama u otras), por compartir en las casas, etc., nos puede expresar un solo mensaje: el amor de Cristo. La peculiaridad de la singularidad no es que hayamos muchos, sino en ser uno. Cuando un coro está afinado se escucha a una sola voz, pero si hay cualquier desafinación perjudicaría el trabajo de muchos.

"Cuando un coro esta afinado se escucha a una sola voz, pero si hay cualquier desafinación perjudicaría el trabajo de muchos"

Prócoro es ese pilar que representa una característica de los anónimos íntimos; la guianza. Recordemos que su significado no es de corista sino director del coro que es la indicación hebrea *la- menasseah*, que figura en unos cincuenta Salmos (el Salmo 4, por ejemplo) y en Habacuc 3:19, se traduce generalmente con la expresión *director del coro*, o también con *al músico principal*.

Los libros de las Crónicas nos cuentan que tres familias (las de Asaf, Hemán y Jedutún) se distribuían en veinticuatro grupos que cuidaban del canto en el Templo y cuanto se refería a la solemnización del culto (1 Cr. 16:4-43). Los directores del coro eran los tres mencionados.

La expresión se traduce también *como acompañamiento musical*. David se interesó mucho por dar gran importancia al canto. David es recordado en la literatura cristiana por muchas cosas, pero una de las más emblemáticas fue traer el arca del Pacto de regreso. Fue de las primeras tareas que realizó una vez fue rey. Dando por hecho la significancia de la espiritualidad para él. Saúl nunca le interesó traer el arca de regreso. Por lo tanto, David encierra un valor característico de los íntimos. No representaba solo traer un mueble de regreso, sino que era traer a Dios mismo de regreso.

"Entonces David tomó consejo con los capitanes de millares y de centenas, y con todos los jefes. Y dijo David a toda la asamblea de Israel: Si os parece bien y si es la voluntad de Jehová nuestro Dios, enviaremos a todas partes por nuestros hermanos que han quedado en todas las tierras de Israel, y por los sacerdotes y levitas que están con ellos en sus ciudades y ejidos, para que se reúnan con nosotros; **y traigamos el arca de nuestro Dios a nosotros**, *porque desde el tiempo de Saúl no hemos hecho caso de ella. Y dijo toda la asamblea que se hiciese así, porque la cosa parecía bien a todo el pueblo. Entonces David reunió a todo Israel, desde Sihor de Egipto hasta la entrada de Hamat, para que trajesen el arca de Dios de Quiriat-jearim."* (1 Cr. 13: 1-5)

El Arca del Pacto había estado en casa de Abinadad, en Quiriat-jearim por 20 años. Los Prócoros de este tiempo están dispuestos a reestablecer el orden de Dios para que su gloria regrese a nuestras ciudades. Ellos saben al igual que en los días de David, que si queremos que la gloria de Dios se manifieste en nuestras ciudades y naciones. Primero, hay que traer el Arca de vuelta.

Finalmente, una vez se trae el arca. Todo queda listo para uno de los aportes más significativos de David en su instancia como rey dentro de la espiritualidad de la nación; la incorporación del tabernáculo de David.

"Hizo David también casas para sí en la ciudad de David, y arregló un lugar para el arca de Dios, y le levantó una tienda." (1 Cr. 15:1)

La adoración no cesaría. Podemos apreciar que el rey David instituyó un orden de adoración completamente nuevo, al colocar el Arca del Pacto en el tabernáculo del monte de Sión y al ordenar un nuevo sacerdocio de cantores y músicos para adorar y alabar al Señor. De 38,000 levitas, 4,000 fueron designados por David para alabar al Señor por turnos durante las 24 horas del día (1 Crónicas 23:4-6). Esto es cónsono con lo emitido por el profeta Amós 9:11:

*"En aquel día yo levantaré **el tabernáculo caído de David**, y cerraré sus portillos y levantaré sus ruinas, y lo edificaré como en el tiempo pasado."*

Esta es la unción de los Prócoros, buscan las arcas extraviadas, descuidas, empolvadas que otros pudiéramos haber olvidado y las traen de regreso.

El tabernáculo de David es la única estructura o diseño divino del Antiguo Testamento que trasciende al Nuevo Pacto a través del cumplimiento de la profecía de Amós.

Los Prócoros son como los Asaf, Zacarías, Jeiel, Semiramot, Jehiel, Matatías, Eliab, Benaía, Obed-edom y Jahziel (1 Cr. 16: 5-6) de este tiempo tienen el rol del director que es quizás el más difícil, y también el menos apreciado, ya que se tratan de las personas encargadas de guiar a todos los coristas en el duro proceso de aprendizaje de las obras, dándoles consejos para mejorar los aspectos técnicos e interpretativos.

Como si coordinar a decenas, cientos y miles de cantantes no fuera una tarea suficientemente complicada, el director debe prestar atención a la afinación y la ejecución de cada voz en todo momento, para advertir y corregir los errores antes de que se conviertan en vicios. Así como muchas veces conocemos las piezas interpretadas por las orquestas sinfónicas, pero poco o nada conocemos del director y sus músicos.

Las horas de ensayos, preparación y coordinación se nos escapan a la hora de evaluar una pieza musical solemne. Al final, aplaudimos por la majestuosidad de la melodía y muy poco probablemente nos acordemos de quienes la entonaron.

Así son los Prócoros que Dios está levantando en las naciones. Son anónimos para muchos, pero tienen una peculiaridad; saben cómo traer el Arca de Dios a nuestras naciones. Dejan de brillar ellos para que brille Dios. Su anonimato es devocional e intencional es por amor por el que creó todo.

Las 3 "C"

Los Prócoros de hoy cuando traigan el Arca a sus naciones provocarán tres características en la adoración:

- **Continua**: Cuando David estableció el tabernáculo en Jerusalén, aquellos asignados a adorar lo hicieron continuamente (1 Crónicas 16:37, 39-40). Lo normal va ser nuestra adoración a Dios en todo tiempo.

- **Capacitada**: Cantores y músicos capacitados formaban parte de la fuerza del liderazgo de adoración de David. El jefe de los levitas y director de adoración, Quenanías, fue puesto *"porque era entendido en ello"* (1 Crónicas 15:22). Después se nos dice que de la fuerza total de cuatro mil adoradores levitas, doscientos ochenta y ocho eran especialmente capacitados o *"músicos instruidos"* (1 Crónicas 25:6-8). Como adoradores, seamos músicos, cantantes o danzarines, habrá preparación y capacitación para desempeñar un ministerio efectivo. Elitismo no, excelencia sí.

- **Creativa**: La alabanza que rodeó el tabernáculo de David incluyó música de instrumentos que David hizo exclusivamente para la adoración (1 Crónicas 23:5). Hubo creatividad en la elaboración de diversos instrumentos musicales. Dios merece de nosotros la mejor creatividad, en la música, en las canciones, en los instrumentos musicales, en los vestuarios, etc.

Habrá una restauración en las artes llámese drama, cine, monólogos, acrobacia, cronistas, etc. donde la esencia no estribará en entretener sino en hacer expresiones proféticas.

Entienda que el Espíritu de Dios es como un director musical que imparte las melodías del Cielo hacia nosotros (Su creación). Es Su música y Su arreglo. Es la misma partitura para todo el mundo. No es cualquier canción. Dios está preparando coristas en toda la Tierra en esta pieza que se titula: *el Regreso del Mesías.* Es nuestro deber dar lo mejor y cuidar de cada detalle para no desafinarnos. La meta es que al final nos podamos escuchar a una sola voz. Eso se llama unidad en el Espíritu.

"Dios está preparando coristas en toda la Tierra en esta pieza que se titula: el Regreso del Mesías"

Se están llevando audiciones en todas las naciones. El Eterno está buscando voces que conozcan los secretos de la adoración íntima. Hay cabida para sopranos que llevan la melodía principal, siendo acompañadas por mezzo-sopranos, contraltos, tenores, barítonos o bajos. Todos son necesarios y útiles. ¿Qué tal si audicionamos?

5

Nicanor

S u significado en griego es 'victorioso'. Esto viene del nombre griego *nike,* pero en este contexto viene del verbo *nikao* que es vencer, alcanzar la victoria. Precisamente, este concepto de victoria necesita ser redefinido en el cristianismo contemporáneo, ya que se ha creado un idealismo inverosímil del mismo. Victoria en el hoy es captado como la ausencia de derrotas o fracasos. Casi es articulado como la encarnación de la perfección terrenal.

"El camino de la victoria es labrado por la resistencia"

Me temo que esta definición solo zacea la vanidad, el orgullo, la soberbia y vana gloria que muchas veces suelen disfrazarse de espiritualidad. Sin embargo, la esencia de la victoria está en nuestra actitud ante la derrota y el fracaso. Al fijarnos en la definición de

Nicanor en el griego *nikao* es alcanzar la victoria. Se refiere más al camino que labré, y no necesariamente al resultado que obtuve. Por supuesto, que el resultado es importante, pero si no aprendí del camino me habré convertido en un tirano de mí mismo.

Para el siglo XV d.e.c. surgió un escritor y político italiano llamado Nicolás Maquiavelo que desarrolló una filosofía que para ese entonces lucía como reveladora, innovadora y hasta considerada como legítima. Pero la realidad era que su línea de pensamiento partía de medir el éxito de algo netamente por el resultado obtenido.

Uno de sus famosos postulados fue: "*El fin justifica los medios*". En otras palabras, que no importa lo que tengamos que hacer valdrá la pena, siempre y cuando sea para obtener el resultado esperado. Significa que gobernantes u otros poderes han de estar por encima de la ética y la moral dominante para conseguir sus objetivos o llevar a cabo sus planes. Estos razonamientos están también cerca de la teoría del Superhombre de Nietzsche.[8]

Si nos percatamos en el hoy, hemos desarrollado una ética de sociedad en la cual ciertos poderes intangibles como el consumismo compulsivo, la paranoia de la estética y la competencia predatoria se han estandarizado como figura de victoria. El problema no radica meramente en el consumir, el esteticismo y en la competencia predatoria[9] sino en lo que a veces estamos dispuestos a hacer para obtener los resultados deseados.

No obstante, en el cristianismo sí importa los medios que se utilicen para obtener los resultados. En el cristianismo que nos modeló Jesús es importante el fin, pero también el medio que utilices para lograrlo. En ocasiones, el camino de lo que es correcto podría ser el menos conveniente, pero en ese momento se debe decidir por lo que es correcto.

No hay problema cuando en nuestras decisiones corren paralelo con lo que nos conviene y lo que es correcto. Pero la situación se complica cuando lo que tengo que decidir entre lo que me conviene con lo que es correcto; y lo que es correcto no me conviene.

"Nuestras decisiones más difíciles son cuando tenemos que tomarlas sobre algo que nos conviene, pero no son correctas"

Nuestro carácter es labrado en este estado, cuando tenemos que tomar decisiones entre lo que nos conviene y lo que es correcto. La filosofía contemporánea promulga la toma de decisiones basada en lo que nos conviene y no sobre lo que es correcto. Me atrevería a exponer, que las decisiones más difíciles de nosotros son cuando tenemos que tomarlas sobre algo que nos conviene, pero no es correcto. Cuando tomamos decisiones por conveniencia sobre lo que es correcto nos convertimos en corruptos de nosotros mismos. Ya Pablo se lo había expresado a la iglesia de Corintio:

*"Todas las cosas me son lícitas, mas no todas **convienen**; todas las cosas me son lícitas, mas yo no me dejaré dominar de ninguna."* (1 Co. 6:12)

Que sea permitido socialmente y no tenga implicaciones legales terrenales, pero si afecta la vida a mis semejantes por lo ilegítimo del camino que debo tomar para obtener mi propio beneficio, pues entonces, debe ser razón suficiente para decir: ¡no, si ha de obtener algo de ti Señor, lo haré legítimamente, por los medios correctos! Esto es ser íntegros. Si para obtener un logro tengo que denigrar o aprovecharme de la desgracia de alguien, entonces no es honroso. Tengo unos sinnúmeros de testimonios acerca de este tema, pero el siguiente me tocó de cerca.

Era una iglesia que había iniciado hacia muy poco tiempo. Tenía un local pequeño y una congregación en ascenso, pero de poca membresía. Sus pastores salieron de viaje y al regresar la semana siguiente se percataron que la iglesia se había triplicado la membresía. Ellos (los pastores) ante la sorpresa investigaron como habían llegado esas personas a la iglesia. Al investigar se percataron que dichas personas llegaron a la iglesia por una diferencia que tuvieron con su antiguo pastor y por tal razón, habían tomado la decisión de moverse de iglesia.

Estos pastores de esta pequeña congregación citan a estos nuevos hermanos que habían llegado a su iglesia para una reunión aparte de la congregación. La reunión tuvo como móvil escucharlos cuál era la razón de haber abandonado su respectiva iglesia e indicarle que iban a estar reuniéndose solo temporeramente y aparte de la iglesia para trabajar el área de sanidad interior. Después meses se invitó al pastor que dichos hermanos tuvieron la problemática y el Señor trajo sanidad, perdón y reconciliación. Tanto es así, que todos los hermanos que habían venido inicialmente regresaron con su antiguo pastor y su iglesia sigue vigente.

Algo interesante es que en el tiempo que estos hermanos se congregaron en esta iglesia pequeña, las ofrendas crecieron de manera exponencial en esta pequeña iglesia. Había hermanos que habían llegado de la otra iglesia que eran de una posición económica privilegiada. Sin embargo, una vez los hermanos regresaron a su iglesia, los pastores de la pequeña iglesia le regresaron los diezmos al antiguo pastor de estos hermanos.

Tengo el honor de conocer de cerca estos pastores, así que no temí preguntarle si les inquietó que al regresar los diezmos se afectaría la situación de su iglesia, ya que yo sabía de las necesidades económicas de dicha iglesia para ese entonces. Me impresionó su contestación y reacción: **¡no! en lo mínimo nos inquietó, vale más el corazón de un hermano pastor y sus ovejas que una renta. El principio vale más que la necesidad**.

Esto es integridad. Estos hermanos tomaron una decisión por lo que era correcto y no por lo que les convenía. Resultado: Las relaciones de hermandad y gratitud perenne entre ambas iglesias y pastores. Esto es ser victorioso. Los Nicanores de este tiempo son aquellos que obtienen victorias, pero las construyen en medios legítimos para lograrlas.

En el mundo deportivo se ha proliferado el argumento simplista que lo que importa a la postre es la victoria. En el Evangelio importa la victoria y la forma de cómo se obtuvo también. La victoria es la parte visible, pero lo invisible es la parte deontológica. ¿Qué es la deontología? Sin querer aburrirlos, es "el deber ser." (Una rama de la ética acerca de lo que afecta a una profesión, enfocado en las obligaciones morales que tenemos)

En esencia, es lo que Jesús nos modelo en el sacrificio de la cruz. Es hacer lo correcto para que beneficie al mayor número de personas. Siempre que Dios otorgó victorias, les dio también indicaciones de circunstancias que se iba a encontrar en medio de su camino hacia la victoria. La clave es mantenerse enfocado en el deber y no en la conveniencia.

Otro ejemplo que les quiero presentar es acerca de la figura de Josué:

*"Mira que te mando que te **esfuerces** y seas **valiente**; no **temas** ni **desmayes**, porque Jehová tu Dios estará contigo en dondequiera que vayas."* (Jos. 1:9)

Notemos que aquí Dios está hablando en primera persona. Por lo tanto, el entrenador de entrenadores está impartiendo directamente unas indicaciones para esta carrera de la vida. Si algo es loable de Dios para generar personas victoriosas es su capacidad de ser entrenador y no dictador.

Un dictador te ordena a hacer algo, pero nunca te modela lo que ordenó y cuando fallas te penaliza sin vara de justicia. Mas un entrenador te ordena a hacer algo, pero tu mayor inspiración es que él te modela lo enseñado y sabe que vendrán las fallas y está ahí para levantarte. Así que este Entrenador utiliza los campos de entrenamientos más desconcertantes en ocasiones: foso de leones, cisternas, hornos de fuegos, cárceles, cuevas, naufragios, desiertos, que tienden a reflejar situaciones internas. Tal es el caso de Josué, del cuál escudriñaremos a continuación cuatro puntos que surgieron en el camino de este victorioso.

Esfuerzo

¿Quién necesita esforzarse? El que está débil. La debilidad no tiene que ver necesariamente con no poder hacer algo. Mas bien es la reacción normal que puede surgir después de ejecutar un gran esfuerzo. En estas instancias, la debilidad no tiene que ver con una pobre espiritualidad.

Al contrario, el reconocer la debilidad debe ser lo normal en una espiritualidad equilibrada. Veamos algunos pasajes donde una espiritualidad óptima está en reconocer la debilidad. ¿Cuál es la óptica de la debilidad en la Biblia?

"He aquí, tú enseñabas a muchos, y fortalecías las manos
débiles;" *(Job. 4:3)*

"Y estuve entre vosotros con ***debilidad****, y mucho temor y temblor;"* *(1 Co. 2:3)*

"Me he hecho ***débil*** *a los débiles, para ganar a los* ***débiles****; a todos me he hecho de todo, para que de todos modos salve a algunos."*
(1 Co. 9:22)

¡Excelente paradoja! ¿no creen? Así hay muchos textos más. Clarifico, hay un tipo de debilidad que es por el ocio y pereza, la cual nada tiene que ver con esta ponencia. Mas bien, la figuración de debilidad que produce espiritualidad es aquella que, aunque trabajemos para el Señor no tenemos la garantía en nuestras propias fuerzas, pero sí en las fuerzas de él.

Por esto es que es importante la actitud del esfuerzo. Aclaro que este concepto tampoco es necesariamente hacer que Dios trabaje por nosotros, sino que Dios intervenga a través del trabajo de nosotros. Hay personas que se han sentido defraudados con Dios porque no han visto el cumplimiento de sueños que tienen en Dios. Dentro de las muchas variables existentes para que esto ocurra, hay una bien común: la falta de diligencia en hacer lo que les corresponde.

Posiblemente, se debe a una falsa conceptuación de la soberanía de Dios. Parten de la premisa que todo lo que le exponen a Dios se tiene que cumplir. Hay elementos para el cumplimiento de los sueños de Dios que dependen de su propósito. Pero hay otros detalles que dependen de nuestra diligencia. En ocasiones, tenemos sueños que se gestaron en el corazón de Dios, pero el problema radica en la parte que nos corresponde hacer a nosotros.

Fallamos en cosas básicas como planificación, delineamiento, medición para alcanzar Sus sueños en nosotros. No diseñamos estrategias para caminar hacia nuestros sueños. Lo más triste con referencia a esto es que cuando se nos expone estos temas, lo visualizamos con una presunción desarticulada de que el ser planificados y estratégicos es cuartear la fe. Sin embargo, el consejo que nos exhorta la Palabra de Dios es que soñemos en grande, pero haciendo las cosas pequeñas que debemos hacer. Eso es fe...

¡Vamos, ten ánimo!, si tienes un sueño en Dios, levántate y has lo pequeño que te corresponde hacer. Quieres un trabajo pues toca la puerta, si está en su voluntad el abrirá la puerta; pero has tu parte, prepara tu carta de presentación (resume), y toca las puertas que sean necesarias y si te corresponde esperar un poco más de lo habitual, no te desenfoques. Utiliza ese tiempo para capacitarte; lee, busca información con lo que estas interesado, asiste a seminarios, talleres, certificaciones. Y si no tienes dinero, pues ora, escudriña la Biblia, ayuna, busca recursos autodidácticos que no requieran incurrir en gastos, pero a la vez, te ayuden a tu mejoramiento personal; a veces estos son los mejores escenarios para Dios captar nuestra atención.

Haz una lista de recursos que tienes a la mano, de personas claves para asesoría en este periodo. El tiempo es ahora. Eso es esforzarse. Mira los obstáculos como oportunidades de madurar en Dios. En la carrera de la vida los obstáculos son necesarios. Si tienes un proyecto de vida, una resolución personal o una inquietud que sabes que Dios está provocando en ti; es tiempo de esforzarse. Así que sueña con Dios porque ya Dios sueña contigo.

"Josué fue un hombre respaldado por Dios, pero eso no evitó la debilidad. Esta es una señal preliminar de los que se esfuerzan"

Josué fue un hombre respaldado por Dios, pero eso no evitó la debilidad. Esta es una señal preliminar de los que se esfuerzan. ¿Qué es esfuerzo? Se deriva de la palabra fuerza que es la capacidad para mover una cosa que tenga peso o haga resistencia.[10] Si bien Arquímedes, o Galileo Galilei por el otro lado fueron los primeros en experimentar y formular las primeras apreciaciones sobre la fuerza; sería Isaac Newton quien formulara matemáticamente la mejor definición de fuerza y la que predomina hasta nuestros días. F = m • a, en la que 'm' se corresponde con la masa de un cuerpo (expresada en kilogramos) y 'a' equivale a la aceleración que experimenta (en metros por segundo al cuadrado).

Si tratáramos de articular una explicación matemática básica de Dios, aplicaríamos los principios de la teoría newtoniana donde la fuerza (f) es Dios que es luz (1 Jn. 1:5) o fuerza electromagnética. Concepto que sería desarrollado más adelante por Albert Einstein (padre de la teoría de la relatividad). Si partimos que el Dios de Israel es omnipresente, omnipotente y omnisciente, entonces, estaremos de acuerdo con la física moderna estándar, toda radiación electromagnética (incluida la luz visible) se propaga o mueve a una velocidad constante en el vacío.

Esta velocidad es comúnmente conocida como velocidad de la luz, que es una constante física denotada como c (del latín *celérits* = velocidad, y también es conocida como la constante de Einstein). Esta velocidad *c* es también la velocidad de la propagación de la gravedad en la teoría general de la relatividad. La aceleración (a) ya la tenemos por la gravedad (g = 9.8 m/s). Lo que nos faltaría es descifrar la masa (m), que si lo despejamos sería (m = f/a).

La experiencia del Pentecostés de Hechos 2 entonces tendría cierta explicación matemática. Si Dios es luz que es (f) cuyo valor constante es de 300,000 km/s dividido por 9.8 m/s el impacto sería a nivel de masa 30,612.24 kg. Esto sería equivalente a 67,488 lb. con 7 oz. Por tanto, deduciríamos que no hay masa corpórea que pueda resistir a Dios cuando desciende sobre nosotros.

Entonces, ¿cómo Dios puede manifestarse en su creación sin destruirla? Interesante ¿no? Dios también se esfuerza. Los Nicanores de este tiempo serán como David, dispuestos a traer el Arca a sus nacione para restaurar el orden de Dios y con orden, Dios traerá las victorias. Lo mismo ocurrió en la secuencia del orden de Dios para Israel. Cuando David es declarado rey, su primer movimiento fue recuperar el Arca (1 Cr. 16) y luego Dios le otorga victorias en 1 de Crónicas 18: 1-3.

*"Después de estas cosas aconteció que David **derrotó** a los filisteos, y los humilló, y tomó a Gat y sus villas de mano de los filisteos. También **derrotó** a Moab, y los moabitas fueron siervos de David, trayéndole presentes. Asimismo, **derrotó** David a Hadad-ezer rey de Soba, en Hamat, yendo éste a asegurar su dominio junto al río Éufrates."*

Por otro lado, existe el concepto de fuerza de trabajo, ampliamente aplicado a instancias de la sociología, denomina a aquellas condiciones físicas y psíquicas que muestra un individuo y que las pone en acción cuando es necesario llevar a cabo un trabajo determinado. El concepto fue creado y extendido por el filósofo alemán Karl Marx en una de sus máximas obras, *El Capital*, editado en el año 1867.

Sin embargo, para el siglo I d.e.C. existió un carpintero y pensador judío Jesús de Nazaret, que redefinió el teórico de la fuerza del prójimo, ampliamente aplicado a instancias de la antropología, sociología, psicología, psiquiatría, filosofía, filología, filantropía y teología. Esto marcaría la historia del mundo en dos tiempos (antes y después de Cristo).

Nunca escribió un libro de él mismo, más se han escrito más libros de él que de cualquier otro personaje en la historia de la humanidad. Depuraría los valores y principios más esenciales del ser humano. Su historia pública fue solo de tres años y un poco más. Sus principios son reconocidos por seguidores y no seguidores. Sus ejecutorias han sido inspiración para generaciones. Su máxima obra, no fue escrita con tinta, sino con sangre y se titula: *La Cruz.*

Valentía

¿Quién necesita ser valiente? El que tiene miedo. Una cosa es el miedo y otra es lo que éste puede desencadenar por un buen o mal manejo. La emoción de miedo es la más primitiva de todas, encontrándose asociada a la principal característica o finalidad de cualquier ser vivo, es decir, la supervivencia. Dicha emoción ha recibido mucha atención por parte de los psicólogos y el propio Sigmund Freud[11] llegó a considerarla como el problema central de la neurosis.

En cuanto a los desencadenantes de la emoción del miedo, al igual que con el resto de emociones, resultan muy difíciles de acatar, ya que cualquier estímulo puede dar lugar al miedo en alguna persona. El prestigioso biólogo Ernst Mayr[12] propuso la existencia de tres tipos de miedos distintos en función del estímulo desencadenante:

- Miedo no comunicativo, producido como consecuencia de seres no vivos.

- Miedo interespecífico, que surge en relación a otros animales.

- Miedo intraespecífico, que se produce como consecuencia de otros individuos de la misma especie.

La historia que analizaremos se basa en el miedo intraespecífico. Notaremos al ver el problema endémico de esta historia no estuvo en el miedo per se, sino en el mal manejo del mismo.

"Los filisteos juntaron sus ejércitos para la guerra, y se congregaron en Soco, que es de Judá, y acamparon entre Soco y Azeca, en Efes-damim. También Saúl y los hombres de Israel se juntaron, y acamparon en el valle de Ela, y se pusieron en orden de batalla contra los filisteos.

Y los filisteos estaban sobre un monte a un lado, e Israel estaba sobre otro monte al otro lado, y el valle entre ellos. Salió entonces del campamento de los filisteos un paladín, el cual se llamaba Goliat, de Gat, y tenía de altura seis codos y un palmo. Y traía un casco de bronce en su cabeza, y llevaba una cota de malla; y era el peso de la cota cinco mil siclos de bronce. Sobre sus piernas traía grebas de bronce, y jabalina de bronce entre sus hombros. El asta de su lanza era como un rodillo de telar, y tenía el hierro de su lanza seiscientos siclos de hierro; e iba su escudero delante de él.

Y se paró y dio voces a los escuadrones de Israel, diciéndoles: ¿Para qué os habéis puesto en orden de batalla? ¿No soy yo el filisteo, y vosotros los siervos de Saúl? Escoged de entre vosotros un hombre que venga contra mí. Si él pudiere pelear conmigo, y me venciere, nosotros seremos vuestros siervos; y si yo pudiere más que él, y lo venciere, vosotros seréis nuestros siervos y nos serviréis.

*Y añadió el filisteo: Hoy yo he desafiado al campamento de
Israel; dadme un hombre que pelee conmigo. Oyendo Saúl y todo
Israel estas palabras del filisteo,* **se turbaron y tuvieron gran
miedo.**" (1 Cr. 17: 1-11)

Esta historia fue un tiempo antes de David ser coronado rey. Saúl
era el monarca de Israel, pero recordemos que Israel monárquica
bajo Saúl no tenía la organización político-militar de los pueblos
contiguos. Existía un pueblo en especial que representaba la
principal amenaza para que Israel trascendiera como pueblo; los
filisteos. Los filisteos tenían ventajas circunstanciales tales como
cinco ciudades funcionales Gat, Gaza, Asquelón, Ekrón y Asdod
y querían expandir su territorio. Tenían mucha organización
militar, base económica sólida y tenían armas de hierro.

Por el contrario, el Israel de Saúl al compararlo con otros reyes
de la antigüedad, no tenía ni un cuerpo sacerdotal oficial, ni un
sistema civil desarrollado para cobrar impuestos. Tampoco tenía
una ciudad principal desde la cual reinar. No tenía organización
militar ya que muchos de sus guerreros eran campesinos cuyas
armas de guerra eran instrumentos agrarios adaptados para la
guerra. Ya esto representa una desventaja sustancial.

Finalmente, Saúl decidió formar un cuerpo militar y así librar
batallas contra los filisteos. En este contexto toma lugar la
narrativa de 1 Samuel 17 representa una de las campañas
militares de Saúl contra los filisteos. Ahora está enfrentando a
un paladín llamado Goliat, el cual es de más de 2.5 m. y está
fuertemente armado. Para colmo anda vociferando que venga un
hombre y pelee contra él.

Algo que, hasta cierto punto irónico, fue la postura de Saúl de no enfrentarlo. Ya que en una cultura de honor y vergüenza el no aceptar el reto para defender a mi pueblo era visto como un acto de deshonor. Y el otro factor, ¿Por qué la reacción de no combatir de Saúl? ya que cuando indagamos su vida antes de ser rey tenía experiencia previa en combates. Saúl surgió a la luz pública cuando encabezó la defensa contra los amonitas (1 Sa. 11). Actuó como los "jueces" militares previos tales como Débora y Gedeón.[13]

Una característica que notamos en Saúl es el miedo intraespecífico. El problema no radicó en experimentarlo sino en cómo lo canalizó. El primer punto quiero recalcar es que Goliat significa "asqueroso o montón de basura". O sea que, lo asqueroso nunca se presenta pequeño sino como algo grande y nunca desarmado.

Cuando la basura nos visita va buscar acumularse, y al descomponerse dañara todo. No estoy refiriéndome literalmente a un sujeto. Me refiero a circunstancias, retos, pruebas, procesos y otras vicisitudes que cuando llegan a nuestras vidas confrontan nuestras más míseras debilidades. El detalle no está en que nos amedrente sino en cómo lo trabajamos.

"El detalle no está en que nos amedrente sino en cómo lo trabajamos"

Los Saules tienen experiencia, herramientas, respaldo hasta de sus inmediatos, hasta pueden profetizar tal como lo hizo Saúl, pero en el momento de la verdad no aplican lo que saben. Los embarga la vergüenza que significa ausencia de Dios. Convirtiéndolos en prisioneros de ellos mismos.

El resultado va ser lo que nos narra 1 Samuel 17:11ᵇ *se **turbaron** y tuvieron gran **miedo***. La turbación es confusión y a su vez esta nos paraliza. Eso lo notamos en la historia que Goliat, el gigante de Gat, que durante cuarenta días desafió a los ejércitos de Israel. El resultado del pueblo de Israel fue una parálisis. El miedo es simplemente el resultado final de una oleada de síntomas que germinaron en la vergüenza. Los Nicadores pueden sentir miedo, pero lo afrontarán con valentía.

No temas

¿Quién necesita no temer? El que es secuestrado por la ansiedad. El miedo es difícil de separar de la ansiedad. Esta es un estado de agitación, inquietud o zozobra del ánimo, una angustia que suele acompañar a muchas enfermedades, en particular a ciertas neurosis y que no permite sosiego de los enfermos.

La principal diferencia entre el miedo y la ansiedad sería que el primero se refiere a sentimientos de temor sobre peligros de carácter tangible, que se vinculan a aspectos específicos del mundo exterior, mientras que la segunda se relaciona con sentimientos de temor difíciles de vincular a fuentes tangibles de estimulación; que sus orígenes son inciertos.

La ansiedad se sentirá siempre y cuando las respuestas producidas ante una señal de peligro sean ineficaces. Incluso, se mezcla a menudo con el miedo. La patología del miedo es cuando un afán se torna ansiedad, o sea un sentimiento anticipado. ¿Cuál es el antídoto? No permitir el afán en tu vida.

*"Por nada estéis **afanosos**, sino sean conocidas vuestras peticiones delante de Dios en toda oración y ruego, con acción de gracias. Y la paz de Dios, que sobrepasa todo entendimiento, guardará vuestros corazones y vuestros pensamientos en Cristo Jesús."* (Flp. 4:6-7)

A esto le llamo el Teorema de la Salud Emocional. Pablo, que es uno de los precursores de lo que eventualmente sería la psicología cognitiva-conductual, nos expresa aquí unos principios claves para la salud emocional. Nos da una ordenanza de no estar afanosos, pero luego nos ofrece tres antibióticos espirituales para evitar caer en afán: dar a conocer nuestras peticiones delante de Dios con **oración**, **ruego** y **acción de gracias**.

Los eventos de la vida, sean eventos inesperados, ser defraudados por alguien o algo, mentiras o difamaciones, nos traerán afán. El problema no está en tener estas situaciones sino en usar saludablemente las herramientas de la oración, el ruego y la acción de gracias. ¿Cuál es el resultado de utilizarlas saludablemente? Descubrir los tres propósitos de la Paz de Dios:

- Sobrepasar el entendimiento

- Guardar el corazón

- Guardar los pensamientos

¿Por qué la paz del texto mencionado es una que sobrepasa todo entendimiento? Si escudriñamos los textos, notaremos que en ninguna parte se menciona que las peticiones serían *contestadas*. Lo que sí menciona es que las peticiones serán *conocidas*. ¿Quién de nosotros no ha vivido la experiencia de expresar ante Dios una petición y al no recibir contestación inmediata nos desesperamos y angustiamos?

Pues Pablo nos otorga un principio para mantener quietud en medio de tengamos una petición y no veamos resultado. Orar, rogar y dar acción de gracias. Pablo exhorta que esto no lo debemos hacer para obtener contestación de nuestras peticiones, sino que en medio de la espera y a su vez, aplicar la oración, el ruego y la acción de gracias se guardarán nuestros pensamientos y corazón. La lógica nos dictamina que si oro a Dios y no responde me desespero. Mas Pablo nos indica algo ilógico, que en medio de nuestra oración y el no obtener respuesta de Dios y usar mis herramientas espirituales se destilará una paz que sobrepasa todo entendimiento.

Es importante aclarar algo, y es que la Biblia no demoniza al miedo. Inclusive, los científicos de la conducta humana aseguran que la tensión de alerta causada por el miedo es necesaria para vivir, sirve para superar los peligros reales y, además nos ayuda a defendernos de nuestra angustia. La noción de peligro forma parte de nuestra vida y habla de nuestro grado de socialización. A partir de los quince meses, al niño se le empieza a imponer una serie de límites y tabúes en pro de su seguridad. A fuerza de un ¡no! aprende, por ejemplo, que no debe tocar las cosas calientes. El miedo a lo que pueda ocurrir funciona entonces como *previsor* y sistema de alarma ante los peligros reales y justificados.

Si nos fijamos en la exhortación en el libro de Josué de *no temas* es porque implícitamente van a haber situaciones en nuestro peregrinar diario que podrían generar miedo. Ahora, el detalle está en que las mismas no nos paralicen y Dios está consciente de eso. El continúa diciendo: ¡no temas!

Notamos en Saúl y el pueblo de Israel que, ante la amedrentación de Goliat, un miedo iba desencadenando una ansiedad extrema ¿Cuál era la sintomatología? *"Y todos los varones de Israel que veían aquel hombre* **huían de su presencia***, y* **tenían gran temor***."* (1 Cr. 17:24) Una de las psicopatologías de la ansiedad es el huir de la situación. Cuando el miedo propaga una sensación de intranquilidad interna y falsa expectación; producido ante un peligro o la inminencia do un castigo, producirá ansiedad. Siendo lo más común huir de la situación.

Esto da un falso estímulo de resolver el conflicto, pero en realidad lo recrudece más. Esto provoca incapacidad para la toma de decisiones asertiva, niveles de estresores agudos, aislamiento. Este era el *gran temor* del pueblo de Israel ante la situación con Goliat. Sin embargo, llega un jovencito que era pastor, que no era guerrero, y fue a llevarles comida a sus tres hermanos que estaban en el frente de batalla. Al oír las amenazas de Goliat, éste reacciona. Veamos por nosotros mismos el área psico-espiritual de David:

"David respondió a Saúl: Tu siervo era pastor de las ovejas de su padre; y cuando venía un león, o un oso, y tomaba algún cordero de la manada, salía yo tras él, y lo hería, y lo libraba de su boca; y si se levantaba contra mí, yo le echaba mano de la quijada, y lo hería y lo mataba.

Fuese león, fuese oso, tu siervo lo mataba; y este filisteo incircunciso será como uno de ellos, porque ha provocado al ejército del Dios viviente. Añadió David: Jehová, que me ha librado de las garras del león y de las garras del oso, él también me librará de la mano de este filisteo. Y dijo Saúl a David: Ve, y Jehová esté contigo." (1 Cr. 17:34-37)

David está consciente del peligro. Esto no es un derroche de híper-espiritualidad o súper fe. Él está consciente que es un pastor dado que a lo que hace mención en esta narrativa es lo relacionado a sus funciones pastorales; pero el miedo normal de una situación como esta, lo canaliza saludablemente con una espiritualidad equilibrada. Observemos detenidamente su exposición en el verso 37 *Jehová, que me ha librado de las garras del león y de las garras del oso, él también me librará de la mano de este filisteo.*

Él está consciente de su desventaja, no está utilizando la espiritualidad para inhibir su realidad. Él sabía que no hubiese tenido ninguna posibilidad de victoria sobre un león o un oso sino fuera por un respaldo de Dios. Su miedo natural no desencadena ansiedad.

Aquí no es si Dios peleará o no por mí. Él está consciente que, aunque Dios está con él, tiene que salir a enfrentar a Goliat. Démonos cuenta que cuando peleó contra leones y osos, el salía tras de ellos y libraba de su boca a las ovejas. Lo normal es que el saber que tienes que enfrentar algo o alguien generará miedo. La híper espiritualidad estriba en el peligro, de que pone a Dios a hacerlo todo y nosotros no hacer nada.

David no está desconectado de su situación real. Lo único, es que él ha sabido manejar ese miedo para canalizarlo correctamente. Eso es no temer.

En otras palabras: **David fue valiente no porque tuviera ausencia de miedo, sino porque en medio de tener miedo tomó la decisión correcta.** Así son los Nicodores de este tiempo...

"David fue valiente no porque tuviera ausencia de miedo, sino porque en medio de tener miedo tomó la decisión correcta"

No desmayes

¿Quién necesita no desmayar? El que está cansado. Parece algo obvio mas realmente no lo es. El cristianismo posmodernista ha conceptuado el cansancio como equivalente de pobre espiritualidad. Debo confensar que pareciera que expresar cansancio en el cristianismo de hoy es tratado con cierto prejuicio. Pero ¿tiene sentido?

Al analizar de cerca el concepto del cansancio vemos que es realmente el resultado normal del trabajo. Tan simple como decir que se cansa quien hace algo con esfuerzo. Si la ética de vida, sea en lo laboral, familiar o ministerial es trabajar, pues va ser normal que nos cansemos.

Tanto es así que Jesús expresó:

"Venid a mí todos los que estáis trabajados y cargados, y yo os haré descansar. Llevad mi yugo sobre vosotros, y aprended de mí, que soy manso y humilde de corazón; y hallaréis descanso para vuestras almas; porque mi yugo es fácil, y ligera mi carga." (Mt. 11:28-30)

El problema no radica en estar trabajado y cargado; sino cuando dejamos de ir a dónde tenemos que ir para recuperarnos. Su presencia que es nuestro descanso para luego seguir trabajando. ¿Para qué dormimos? Para recuperar fuerzas y continuar trabando. ¿Para qué detenemos los vehículos en una zona de descanso después de una larga travesía? Para ponerle combustible, examinar los neumáticos y descansar el motor antes de continuar la marcha. ¿Para qué oramos? Para expresarles nuestras cargas, para descansar y después continuar la marcha de la vida. Por supuesto, que hay más razones de porque orar, pero el Señor sabe que en el ministerio van a haber cargas.

"Jesús nunca dijo que la señal de vida plena en Él es el no tener cargas"

Jesús nunca dijo que la señal de vida plena en él es el no tener cargas. Él dijo que hay cargas que nos iban a corresponder a nosotros llevar en él, pero estas tienen unas características: son fáciles y ligeras. Se pueden llevar.

¡Cuidado con satanás! que utiliza nuestra concupiscencia (apetitos desordenados hacia placeres deshonestos) para poner cargas también. ¿Cuáles son las características de las cargas que pone el enemigo de las almas? Son aquellas que son más pesadas de las que podemos llevar y esas nos provocarán estancamiento. (e.g. odio, rencor, falta de perdón, etc.). En la literatura judía un "yugo" representa la suma total de las obligaciones que, en conformidad con la enseñanza de un maestro, una persona debe asumir.

No hay que olvidar que un yugo, literalmente que es un marco de madera, y era puesto sobre los hombros de una persona con el objeto de hacer más ligera de llevar una carga al distribuir en igual proporción el peso a ambos lados del cuerpo. Sin embargo, esto no excluía enteramente la posibilidad de que si la carga era demasiado pesada el yugo no fuera de suficiente ayuda para el portador. En consecuencia, aun un yugo podía ser llamado pesado (Hch. 15:10). Así que, para hacer placentera la tarea de cargar, el yugo no solamente debía quedar bien ajustado en los hombros, que no provoque irritación, sino también la carga no debía ser demasiado pesada.[14]

Simbólicamente hablando, Jesús aquí asegura a las personas trabajadas y cargadas a las que está hablando, tanto entonces como ahora, que su yugo, esto es el que él exhorta a que usen, es *benigno*, y su carga, esto es, lo que él requiere de nosotros, es *ligera*. Por lo tanto, lo que está diciendo en realidad es que la sencilla confianza en él y la obediencia a sus mandamientos nacida de nuestra gratitud por la salvación ya impartida por él, será placentera. Traerá paz y gozo. La persona que vive este tipo de vida ya no es esclava. Ha llegado a ser libre. Sirve al Señor espontánea y entusiastamente.

Veamos este aspecto del cansancio dentro de la óptica de David contra Goliat:

> *"Y Saúl vistió a David con sus ropas, y puso sobre su cabeza un casco de bronce, y le armó de coraza. Y ciñó David su espada sobre sus vestidos, y probó a andar, porque nunca había hecho la prueba. Y dijo David a Saúl: Yo no puedo andar con esto, porque nunca lo practiqué. Y David echó de sí aquellas cosas.*" 1 Sam. 17:38-39)

Era lógico que, si David iba a enfrentar a un paladín de las características de Goliat, buscará estar lo más protegido posible. Era instintivo. Lo interesante era que se equipó de todo lo necesario para combatir con el gigante, pero no le era útil a él. Protección sí, efectividad no.

Las armaduras en Dios no son genéricas, lo que le sirve a usted, no necesariamente le servirá a otro, Dios es el mismo, pero las estrategias varían. En ocasiones pretendemos vencer a nuestros gigantes con las armaduras que funcionaron en otros, y al no funcionar, la frustración nos embarga. Nos preguntamos: Dios, ¿por qué este fracaso, si funcionó con otro?

David intentó usar la armadura de Saúl. A primera instancia, pareciera ser una movida sensata y cabal, hasta que empezó a andar y darse cuenta que lo más lógico no es lo más idóneo. Sabía que, aunque la armadura lo protegía; ésta lo hacía vulnerable ante el más mínimo ataque. Para vencer los gigantes de nuestras vidas no basta solo con usar armas defensivas (armaduras), necesitas también armas ofensivas.

Muchos a veces pueden invertir desmedidamente en su armadura y estar muy protegidos, pero carecer de movilidad la cual se requiere para vencer a los gigantes que se presentan en nuestras vidas...

La armadura de Saúl se convirtió en una carga para David. Este hizo lo más ilógico que alguien pudiera hacer militarmente, se despojó de lo que le protegía. Muchos pensaron e incluyendo a Saúl: *es el fin...hasta hoy duró David*. Sin embargo, el despojarse de esa carga le otorgó una oportunidad.

Los Nicanores de este tiempo saben que optar por las armaduras de otros, sería renunciar a la protección personal de Dios. Quienes buscan armaduras de otros quieren éxito personal. Mas quienes buscan Su protección personal anhelan la victoria en él.

"El guerrero de Dios no busca el éxito, sino que coopera para la victoria"

6

Timón

Nuestro quinto pilar significa 'honrable'. Existen dos vertientes del honor. La primera es *dóxa*, que es referente a la gloria hacia Dios. La segunda es *timé* tiene tres significados fundamentales en el griego: a) *honor*, referido a personas, b) *valor*, precio de una cosa, y la fijación del mismo, o sea, c) *estimación*, valoración o evaluación.

Ambas vertientes deben vivirse simultáneamente. Eso es el significado de Timón. En el caso de la *dóxa* que es la honra a Dios necesitamos depurarnos culturalmente para experimentarla en nuestras vidas.

En cierta ocasión, un hermano en la fe le preguntó a un anciano muy sabio de la iglesia que asistía en mis años de universitario, qué hacer para honrar a Dios, el anciano con una mirada paternal le contestó; *témele* y siguió su camino. Un tiempo después, estuve en un congreso donde este mismo hermano, el cual aprecio y es excelente ministro de Dios, expuso magistralmente el tema del temor a Jehová.

Al final me le acerqué, y le expresé lo ministrado que fui por la Palabra de Dios. El me observa y expresa que esa Palabra surgió en aquella ocasión cuando aquel anciano le expreso, *témele* fue el catalítico para lo que estuvo enseñándonos.

Lamentablemente, nosotros vivimos una cultura de obtención de beneficios de Dios y no de honra. El proverbista expresa:

"El principio de la sabiduría es el temor de Jehová; los insensatos desprecian la sabiduría y la enseñanza. Amonestaciones de la Sabiduría." (Pr. 1:7)

En su esencia, la sabiduría no tiene que ver con cuanto sepamos, sino a quien tememos. Dentro de este contexto, la sabiduría emerge cuando nuestro pensar y actuar entiende que Dios está presente en todo, ya que él no se circunscribe a tiempo y espacio. En otras palabras, que Dios está cuando estoy en soledad y cuando estoy en comunidad.

"La sabiduría no tiene que ver con cuanto sepamos, sino a quien tememos"

Si hay consciencia de esto, entonces, la hipocresía debería ser erradicada. Ya que la hipocresía es el fingimiento de cualidades o sentimientos. Esto es básico; si tenemos la convicción que Dios está en todos lados, ya que él no lo limita como ya expresé, a tiempo y espacio, entonces; si hay sabiduría en nuestras vidas, deberíamos ser los mismos a solas como en la comunidad. De lo contrario, si al evaluarnos no somos los mismos, tanto a solas como en grupo, pues podemos inferir dentro del contexto del proverbista que no somos sabios, aunque tengamos cierto conocimiento bíblico y se manifiesten dones espirituales.

Recordemos que el elemento más básico (principio) es el temor a Jehová. ¿Cómo podemos decir que amamos, servimos a Dios, si no podemos ser los mismos a solas que en público? Si fuera así, estuviéramos fallando en lo más básico de la vida. Si fallamos en el principio, ¿Cómo se sostendrá la casa de nuestra teología? Esto nos convirtiera en personas de deshonra, en el griego es *atimía* que es no mostrar respeto valor; tratar como común.

"Jesús no predicó
de dogmas sino
de principios"

Jesús no predicó de dogmas sino de principios. Los principios sostienen todo lo demás. Su mensaje era sencillo, pero profundo. En el posmodernismo, se asume muchas veces y erróneamente; que lo sencillo es superficial. No necesariamente es así. Sin embargo, Jesús tenía la peculiaridad de ser un hombre sencillo con un mensaje práctico y a su vez, tener una enorme profundidad que tocaba la fibra más íntima.

Me temo, que hoy se fomenta más temas y mensajes complicados, pero superficiales. La eficacia del mensaje de Jesús radicaba que lo que expresaba en público, lo vivía en privado. Él vivía el principio de la sabiduría de Dios, que es ser temeroso de Jehová. Su sabiduría no se figuraba por cuanto sabía de la Torá, ya que en ese tiempo existían sectas como los fariseos y saduceos que probablemente sabían más de Palabra *logos* que él.

Mas nadie aplicaba esos principios como él (la palabra *rhema*), su amor, misericordia, emitir lo pertinente en el momento preciso. Los fariseos y saduceos conocían *de* la Palabra. Sin embargo, Jesús conocía *a* la Palabra. Jesús no era de los que decían algo, sino que era de los que tenía algo en Dios que decir. Manifestaba lo que vivía en privado al público. El sabio no habla, expresa. Seamos expresiones de Dios...

Las cinco anónimas íntimas

Hay una parábola que nos mostrará mejor esta primera vertiente *dóxa* del honor a Dios. Esta historia habla de ciertas anónimas íntimas.

"Entonces el reino de los cielos será semejante a diez vírgenes que, tomando sus lámparas, salieron a recibir al esposo. Cinco de ellas eran prudentes y cinco insensatas. Las insensatas, tomando sus lámparas, no tomaron consigo aceite; mas las prudentes tomaron aceite en sus vasijas, juntamente con sus lámparas. Y tardándose el esposo, cabecearon todas y se durmieron. Y a la medianoche se oyó un clamor: ¡Aquí viene el esposo; salid a recibirle!

Entonces todas aquellas vírgenes se levantaron, y arreglaron sus lámparas. Y las insensatas dijeron a las prudentes: Dadnos de vuestro aceite; porque nuestras lámparas se apagan. Mas las prudentes respondieron diciendo: Para que no nos falte a nosotras y a vosotras, id más bien a los que venden, y comprad para vosotras mismas. Pero mientras ellas iban a comprar, vino el esposo; y las que estaban preparadas entraron con él a las bodas; y se cerró la puerta. Después vinieron también las otras vírgenes, diciendo: ¡Señor, señor, ábrenos! Mas él, respondiendo, dijo: De cierto os digo, que no os conozco." (Mt. 25:1-11)

Detengámonos nuevamente en el texto de Proverbios 1:7, pero ahora escudriñemos la segunda parte del mismo que dice *los insensatos desprecian la sabiduría y la enseñanza*. La antítesis de prudencia es la insensatez.

En fin, resumiendo la historia de las diez vírgenes; estas representan a los creyentes. Algunas interpretaciones sugerían que las cinco insensatas eran los no creyentes, pero hay un gran detalle hermenéutico, y es que Jesús llama a las diez, vírgenes. En la Biblia la referencia de vírgenes es una connotación para los redimidos.

*"Estos son los que no se contaminaron con mujeres, pues son **vírgenes**. Estos son los que siguen al Cordero por dondequiera que va. Estos fueron redimidos de entre los hombres como primicias para Dios y para el Cordero;"* (Ap. 14:4)

Esta parábola es una amonestación para los creyentes que siguen a Jesús, que fueron redimidos por él y aun así prefieren estar lejos de él. Esto es ser insensatos.

Notamos que cinco son prudentes y cinco son insensatas. La insensatez es la consumación de la negligencia. Es lamentable que muchas veces no hablemos de ella en nuestros foros; le hemos dado mayor peso a otros temas que sí son importantes, pero no tan pertinentes como este en este tiempo.

La pregunta es ¿Por qué? La insensatez puede estar en aquel que dentro la conducta nominal eclesiástica tiene una vida normal. Va a iglesia, declaró a Jesús como salvador, hasta participa en nuestros ministerios, pero hasta ahí; su vida en intimidad con Dios es nula. Tienen lámparas, pero no tienen aceite.

Las prudentes representan a los creyentes que viven la *dóxa* que es honor a Dios. Las insensatas representan también a creyentes, pero que viven una vida de *atimía* que es deshonra a Dios. La insensatez es estar lejos del que está cerca.[15]

Notemos que las insensatas tuvieron la misma oportunidad que las prudentes de recibir al esposo, pero no tenían el mismo corazón. Las prudentes dice el texto *"más las prudentes **tomaron aceite en sus vasijas**, juntamente con sus lámparas."* Mas *"las insensatas, tomando sus lámparas, **no tomaron consigo aceite**;"*

Entonces, si el aceite es básico para el funcionamiento de las lámparas ¿por qué las insensatas lo olvidaron? Es que aquí un detalle importantísimo, y es que el aceite hay que prepararlo. La insensatez es técnicamente, la pretensión de que Dios prepare algo que a mí me corresponde preparar. El aceite nos corresponde a nosotros prepararlo, no a Dios. ¿Cómo se prepara el aceite? Esta palabra viene del griego *elaion*

"*Manda a los hijos de Israel que te traigan para el alumbrado* **aceite** *puro de olivas machacadas, para hacer arder las lámparas continuamente. Fuera del velo del testimonio, en el tabernáculo de reunión, las dispondrá Aarón desde la tarde hasta la mañana delante de Jehová; es estatuto perpetuo por vuestras generaciones. Sobre el candelero limpio pondrá siempre en orden las lámparas delante de Jehová.*" (Lev. 24:2-4)

Una de las características de los que preparan aceite es su proceso tedioso y doloroso, ya que había yerbas que creaban reacciones en la piel. Esto trae sufrimiento *pathema* (παθέω). Existen dos tipos de sufrimiento:

1. Los que son incurridos por nuestra desobediencia.

2. Los que Dios permite, aunque nuestra vida este en obediencia. Esto no es injusticia de Dios sino la esencia de descubrir su gracia. Este fue el sufrimiento que experimentó Jesús. ¿Dónde empezó? En el Getsemaní que significa *prensa de aceite*. Fue el sufrimiento lo que sacó lo más puro de Jesús. Esto es intimidad...

Hay prensas que Dios permitirá en nuestras vidas para sacar lo más puro de nuestro ser. Nunca negocies tu Getsemaní, sería tener aceite de baja calidad. La salvación es gratuita, pero no es barata. La salvación es para todo el mundo, pero no para cualquiera. Los Timones de este tiempo bendicen a Dios en tiempos de sufrimiento no por masoquismo o devaluando el dolor. Mas bien, comprenden que una parte integral del amor, es sufrir. (1 Co. 13:4,7)

Estas vírgenes esperaban por el esposo. Esto representa las bodas del Cordero (Ap. 19:7) y el esposo es Jesucristo. Cuando vieron que el esposo tardaba, las insensatas dijeron a las prudentes: Dadnos de vuestro aceite; porque nuestras lámparas se apagan. Mas las prudentes técnicamente respondieron que no podían y que fueran a los que vendían y compraran.

Entonces, ¿por qué las prudentes no compartieron de su aceite? Así como el aceite es el combustible que hace prender una lámpara y está dentro de la misma y no se veía a simple vista. Así es el Espíritu Santo, la presencia de Dios que es la que hace que nuestras lámparas (cuerpo) iluminen todo a nuestro alrededor. Ese aceite representaba la intimidad de las prudentes. Fue por eso que cuando las insensatas, que representan la falta de intimidad, se dieron cuenta que sus lámparas estaban sin aceite procedieron a pedir aceite, y se les negó.

La negación no fue por egoísmo o mala fe, sino por simple principio: **la intimidad no se puede prestar.** Nuestra relación con Dios puede ayudar a exhortar, inspirar o impulsar a otros para desarrollar su propia relación, pero nunca se puede pasar a otra persona. Para tener intimidad con el Señor nos corresponde a cada uno desarrollar una relación con Dios.

Para ser íntimos hay que pagar un precio y no tiene que directamente ver con dinero sino con una representación de valor personal. Por eso, la exhortación de las prudentes fue que fueran a los que vendían y compraran. Aquí no se está refiriendo a obtener la intimidad con dinero. Mas bien, representa la obtención de algo de valor personal por una acción de sacrificio devocional. Siempre lo de valor tiene un precio.

Al final de esta historia, el esposo (Jesucristo) llega, entra, cerró la puerta y las insensatas se quedaron fuera y el esposo le dice que no las conoce. La pregunta si el esposo que representa a Jesús y es la esencia de Dios (omnisciente) que significa que todo lo sabe; ¿por qué dice que no las conoce? No es que Jesús no conociera a las insensatas, era que las insensatas no conocían a Jesús. Tuvieron lámparas más nunca aceite. Carecieron de intimidad con Dios.

Conozco a un joven pastor[16]que dice: *"que Dios no tiene hijos preferidos, sino hijos que lo prefieren a él."* Los Timones de este tiempo no piden prestada de otros la presencia de Dios. Están dispuestos a pagar el precio y tomar sus lámparas, pero con aceite. El que haga esto descubrirá el más grande honor.

7

Parmenas

N uestro sexto pilar significa 'que soporta'. En este contexto viene de griego *jupomeno* (ὑπομένω), y denota permanecer bajo, soportar valientemente (bajo sufrimiento). Este es uno de los temas más esquivos de nuestra era. Se ha intentado desvalorizar y hasta esconder este tema dentro de nuestro contorno. El sufrimiento tiene cierta facultad ilógica pero necesaria. En 1 de Pedro 2:20 se nos exhorta:

*"Pues ¿qué gloria es, si pecando sois abofeteados, y lo **soportáis**? Mas si haciendo lo bueno sufrís, y lo soportáis, esto ciertamente es aprobado delante de Dios."*

La conducta que se promueve en este texto no es solo capacidad de una agresión física, sino la actitud que hay que tener ante una situación como esta. Soportar no es una medición de cuanto podemos aguantar, sino con que actitud de nuestro corazón lo hacemos. El soportar destila la madurez.

"Soportar no es una medición de cuanto podemos aguantar, sino con que actitud de nuestro corazón lo hacemos"

¿Quieres saber una señal de los que soportan y destilan la madurez? Se acercan a cruz. Sin embargo, los que pasan por pruebas y su capacidad de soportar es nula terminan alejándose de la cruz. A un joven pastor llamado Timoteo se le aconseja:

*"Pero tú sé sobrio en todo, **soporta las aflicciones**, haz obra de evangelista, cumple tu ministerio."* (2 Tim. 4:5)

Aflicción no es el sufrimiento por desobediencia. Mas bien, es el sufrimiento que surge a pesar de estar sirviendo a Dios. Esto deconstruye nuestra teología triunfalista. Los que soportan en Dios entenderán dimensiones de la compasión, piedad y amor que le son ilógicas e irreales para los que se quejan en la aflicción. Observemos que hermosa exhortación de Dios para los que viven el soportar:

"Si soportáis la disciplina, Dios os trata como a hijos; porque ¿qué hijo es aquel a quien el padre no disciplina?" (He. 12:7)

Evaluemos detenidamente este texto, el Señor nos confiere una promesa condicionada. En otras palabras, este Dios de pactos, va a cumplir siempre su parte, pero dicha promesa la condiciona una parte a realizar nosotros; y es la conjunción *si*. Quiere decir que existe la posibilidad de personas que no soportan la disciplina. El otro punto en este texto, es que no se menciona la palabra sufrimiento, sino disciplina. Existe la posibilidad de disciplinas en Dios que podría desencadenar sufrimiento en nosotros. Todo está, con la madurez en el corazón que decidamos o no afrontarlas.

La segunda parte del texto nos denota el clímax del mismo. Esto ha de cumplirse si se cumple la primera parte del texto. Este narra que Dios *trata* como a hijos a los que soportan la disciplina. En otras palabras, **Dios no trata como hijos a los que no soportan la disciplina**.

En una ocasión un humanista me expresó que todos los seres humanos somos hijos de Dios, lo cual este servidor diferí de su expresión, ya que eso no se sostiene bíblicamente. Esta nos relata que todos somos *criaturas* de Dios, pero no todos somos *hijos*. El mismo Jesús utilizó una bella alegoría que para ser hijo hay que nacer de nuevo. (Jn. 3: 1-15)

Finalmente, el verso expresa una pregunta retórica, como resumiendo el texto. ¿Qué hijo es aquel a quien el padre no disciplina? Llámele como guste a la disciplina; prueba, desierto, adversidad o aflicción. La herramienta clave para responder factible a la disciplina, prueba o aflicción es soportar.

El hacer el bien no garantiza que no te paguen con mal

"Aconteció después de esto, que la mujer de su amo puso sus ojos en José, y dijo: Duerme conmigo. Y él no quiso, y dijo a la mujer de su amo: He aquí que mi señor no se preocupa conmigo de lo que hay en casa, y ha puesto en mi mano todo lo que tiene.

No hay otro mayor que yo en esta casa, y ninguna cosa me ha reservado sino a ti, por cuanto tú eres su mujer; ¿cómo, pues, haría yo este grande mal, y pecaría contra Dios? Hablando ella a José cada día, y no escuchándola él para acostarse al lado de ella, para estar con ella.

Aconteció que entró él un día en casa para hacer su oficio, y no había nadie de los de casa allí. Y ella lo asió por su ropa, diciendo: Duerme conmigo. Entonces él dejó su ropa en las manos de ella, y huyó y salió. Cuando vio ella que le había dejado su ropa en sus manos, y había huido fuera, llamó a los de casa, y les habló diciendo: Mirad, nos ha traído un hebreo para que hiciese burla de nosotros. Vino él a mí para dormir conmigo, y yo di grandes voces; y viendo que yo alzaba la voz y gritaba, dejó junto a mí su ropa, y huyó y salió.

*Y ella puso junto a sí la ropa de José, hasta que vino su señor a su casa. Entonces le habló ella las mismas palabras, diciendo: El siervo hebreo que nos trajiste, vino a mí para deshonrarme. Y cuando yo alcé mi voz y grité, él dejó su ropa junto a mí y huyó fuera. Y sucedió que cuando oyó el amo de José las palabras que su mujer le hablaba, diciendo: Así me ha tratado tu siervo, se encendió su furor. Y tomó su amo a José, y lo puso en la cárcel, donde estaban los presos del rey, y **estuvo allí en la cárcel**.*" (Gn. 39:7-20)

En medio de la seducción de la mujer de su amo, este hombre llamado José honró a su amo: *No hay otro mayor que yo en esta casa, y ninguna cosa me ha reservado sino a ti, por cuanto tú eres su mujer; ¿cómo, pues, haría yo este grande mal, y pecaría contra Dios?* El soportar es la vigencia de los que honran.

Finalmente, José huye de la tentación por el temor a Jehová y la honra a su amo. La mujer de su amo levanta una calumnia contra José que lo llevaría a la cárcel, siendo este inocente. Él fue digno más el desenlace de la situación recibió un trato como indigno. **El soportar no lo libró de la injusticia, pero propago la madurez.**

"Pero Jehová estaba con José y le extendió su misericordia, y le dio gracia en los ojos del jefe de la cárcel. Y el jefe de la cárcel entregó en mano de José el cuidado de todos los presos que había en aquella prisión; todo lo que se hacía allí, él lo hacía. No necesitaba atender el jefe de la cárcel cosa alguna de las que estaban al cuidado de José, porque Jehová estaba con José, y lo que él hacía, Jehová lo prosperaba." (Gn. 39: 21-23)

Características de soportar con madurez. Usando el modelo de José en la cárcel.

1. José no se queja a Dios. El no entender a Dios activa el descansar en él.

2. El soportar la prueba fue señal de esperanza para otros.

3. De una señal para otros se convierte en consejeros de otros.

4. El soportar de José hizo que Dios lo prosperara. El término *prosperar* aquí no se refiere literalmente a poder adquisitivo sino a una holística de factores. Al descubrir el propósito de Dios eventualmente eso trae salud física, emocional, interpersonal y espiritual.

Ver a Dios en todas estas áreas es calidad de vida, aunque estemos en una cárcel. Esto es prosperar. Los Parmenas de hoy hacen de su soportar su corona, mas no su amuleto.

8

Nicolás

Y nuestro séptimo pilar significa 'victorioso del pueblo'. Esteban y este son los únicos que el texto del libro de Hechos de los Apóstoles en capítulo 6: 3 nos otorga información más allá que los nombres de estos servidores. Esteban que era un varón lleno de fe y del Espíritu Santo, y Nicolás que era prosélito de Antioquía.

¿Por qué hacer la salvedad que era prosélito? Eran gentiles que habían dado su adhesión o conversión al judaísmo. Los fariseos recorrían mar y tierra para hacer un prosélito (Mt. 23:15). A demás, Antioquía era una ciudad en la que había numerosos adeptos al judaísmo (Hch. 8:27). En Antioquía de Pisidia, un gran número de prosélitos siguió a Pablo y a Bernabé (Hch.13:43).

Si el proselitismo era el mover misionero del fariseísmo, las conversiones de ahora ex partidarios del proselitismo como Nicolás, generaron preocupación entre la cúpula del fariseísmo. La persecución hacia la comunidad de fe llamados cristianos no solo sería a oprimidos por parte Roma sino también por los movimientos político-religiosos judíos llamados fariseísmo, saduceísmo y esenios. Sin embargo, existía un movimiento llamado cristianismo que no tan solo estaba impactando a unos pocos, sino a pueblos completos. Tal era el caso de Jerusalén y ahora en Antioquía.

Restaurando el templo

Después que último monarca del reino unitario muere, Salomón en el siglo X a.e.C, hubo una división del reino. Quedando dividido entre el norte y el sur. El Reino del Norte se llamaría Israel siendo dirigido por Jeroboám, que lo constituían diez tribus y capital se llamaría Samaria y el Reino del Sur se llamaría Judá siendo dirigido por Roboám, lo constituirían dos tribus (Judá y Benjamín) y la capital seria Jerusalén. Para el 722 a.e.C. el Reino del Norte caería y sería conquistado por Imperio Asirio. El último profeta del Reino del Norte fue Oseas.

Con la incorporación de los territorios de Israel al sistema provincial de Asiria y la dispersión forzada de sus líderes después de la toma de Samaria, eventualmente, los asirios se mezclan con los judíos, cuya raza es llamada *samaritanos*. Judá quedó como el único vínculo histórico con la experiencia revolucionaria de las tribus de Israel. Esto le da a Judá ya Jerusalén la importancia que tienen dentro de la Biblia.

Después de la caída del Reino de Israel, donde se había dado una serie importante de profetas, surgieron por vez primera profetas importantes en Judá. Los dos grandes profetas judaítas de tendencias muy diferentes, uno de la capital (Isaías) y el otro del área campesina (Miqueas). Ambos profetas pretenden analizar la situación de Judá, que para esa época era la única heredera de las tribus de Israel.

Estos profetas son contemporáneos con el surgimiento de un rey que se sería considerado como un reformador del Reino del Sur (Judá) en el siglo VIII d.e.C., llamado Ezequías. Veamos algunas reformas que hizo Ezequías que ayudarán a aquellos que anhelan ver sus ciudades transformadas. Según 2 Reyes 18:1-6 hizo una purificación de las prácticas religiosas en su reinado:

- Eliminó los cultos a dioses ajenos.

- Destruyó todos los lugares de culto, menos el templo de Jerusalén.

- Se generó una abundante literatura histórica, sapiencial y profética, lo cual se entiende perfectamente a la luz del hecho de que éste fue un momento de recapacitación sobre el pasado y de buscar las bases para un nuevo futuro.

Esta reforma fomento tres acciones para purificar la ciudad: **eliminar, destruir** y **educar**. *Eliminar* es sacar aquello que afecta. *Destruir* es procurar que lo se eliminó no afecte a nadie más. Esto tiene que ver con consciencia de prójimo. Y *educar* que es mantener un estado saludable. Esto es aplicable en diferentes aspectos de la vida. En el caso de una persona que quiere perder peso tiene que empezar, eliminando todo el sobrepeso. ¿Cómo lo hace? Ejercicios, dieta, etc.

Una vez experimenta los resultados procura que no afecte a otros lo que antes como individuo vivió. Finalmente, desarrollará buenos hábitos de vida para mantener un estado de vida saludable. En otras palabras, esto es una reforma de vida. También pasa hacia los creyentes en Cristo Jesús. Tuvieron que confesar sus pecados para *eliminar* el peso del pecado. Otorgan el perdón que *destruye* toda iniquidad que había en nuestras vidas. Y ahora se *discipula* para aprender a vivir una vida saludable (1 Ts. 5:23). Esto es una reforma personal.

Los Nicolás de este tiempo no solo anhelan que sus comunidades de fe experimenten la victoria de Dios, sino que en sus corazones está el anhelo que el ser humano tenga victorias que trasciendan a la ciudad, y luego a la nación. Escudriñaremos y analizaremos las prioridades de lo que sería la reforma de Ezequías y, por ende, el cambio de una ciudad.

Comenzó a reinar Ezequías siendo de veinticinco años, y reinó veintinueve años en Jerusalén. El nombre de su madre fue Abías, hija de Zacarías. E hizo lo recto ante los ojos de Jehová, conforme a todas las cosas que había hecho David su padre.

En el primer año de su reinado, en el mes primero, abrió las puertas de la casa de Jehová, y las reparó. E hizo venir los sacerdotes y levitas, y los reunió en la plaza oriental. Y les dijo: ¡Oídme, levitas! Santificaos ahora, y santificad la casa de Jehová el Dios de vuestros padres, y sacad del santuario la inmundicia.

Porque nuestros padres se han rebelado, y han hecho lo malo ante los ojos de Jehová nuestro Dios; porque le dejaron, y apartaron sus rostros del tabernáculo de Jehová, y le volvieron las espaldas.

Y aun cerraron las puertas del pórtico, y apagaron las lámparas; no quemaron incienso, ni sacrificaron holocausto en el santuario al Dios de Israel. (2 Cr. 29:1-7)

Tenemos que detenernos para analizar varios puntos determinantes en esta reforma:

Lo primero que hizo Ezequías fue abrir las puertas de la casa de Jehová. Observemos, que ciertamente había otras problemáticas de índole social, político fiscal, económicos cuando el inicia su reinado. Pero el prioriza la espiritualidad reconociendo la decadencia espiritual del pueblo. ¿Qué acción tomo? La reparación de las puertas del templo. Reparación es la acción de arreglar algo que previamente estuvo dañado. Ezequías reconoce que antes de iniciar cualquier proceso es necesario restaurar. Esto es volver al estado original.

Algo similar notamos años después que con Nehemías cuando regresa del cautiverio babilónico en 445 a.e.C. con el tercer grupo de cautivos para reconstruir el muro de la ciudad de Jerusalén. Cuando este vio la condición de deterioro de los muros se afligió. No lloró por las casas, ni por el templo tan siquiera. ¿Por qué llorar por los muros? Estos representaban la condición espiritual de Judá. La cual era de decadencia y ruinas.

Lo primero que hizo Nehemías fue reparar lo caído. Volverle el estado original. No fue darles casas a las personas, repartir tierras u otros menesteres. Los muros representan esa espiritualidad que estaba en ruinas. Por eso el restaurar los muros era una prioridad.

En el caso de Ezequías, para reparar las puertas buscó a los peritos para la tarea de restaurar la espiritualidad del pueblo, así que convocó a los sacerdotes y a los levitas. Reparemos hoy nuestras ciudades, pero seamos entendidos en los tiempos como los hijos de Isacar (1 Cr. 12:32).

Convoquemos a los peritos en el Señor para la encomiable tarea de reparar las puertas de nuestras ciudades. Para eso sería notorio que veamos lo que hizo Ezequías para reformar a un pueblo. Lo primero fue evaluar qué fue lo que llevó al pueblo al decaimiento espiritual. Esto fue lo que encontró.

Cerraron las puertas del pórtico: esto envuelve una acción. El pórtico tenía dos columnas y protegía el lado oriental del santuario del viento recio que llegaba. El pórtico es un lugar de comienzo, apertura y restauración. ¿Cómo se construye el comienzo y la apertura de algo? Con columnas que es la firmeza y estabilidad. ¿Para qué provocar la firmeza y la estabilidad?

Para la protección del lado oriental. Cuando la comunidad de Pacto (Éxodo) estaba en el desierto y las tribus se ubicaban alrededor del tabernáculo de reunión en el lado oriental se ubicaba Judá que significa alabanza. El Oriente tipifica comienzo, la salida del sol es por Oriente. A Jesús se le conoce como la Estrella de la mañana en Apocalipsis 2:28. ¿Por dónde se inicia la luz por mañana cuando nace el sol? Por el Oriente. Si queremos restaurar nuestras ciudades, empecemos ahora con estabilidad y firmeza que debe ser nuestra posición en Cristo Jesús. Ese debería ser nuestro comienzo para levantar a Dios en nuestras ciudades. Ese es nuestro Oriente.

Habían apagado las lámparas. Estas eran de barro, sencillas, moldeables, y simbolizan al ser humano. El mundo no es alumbrado por más electricidad, más dinero, más fama, sino cuando nos convertimos en las lumbreras de Dios. Con estas lámparas paso algo; las apagaron. Estaban las lámparas, pero se había gastado el aceite. El resultado fue que se apagaron.

El aceite es la intimidad. Eso propicia el sano juicio de la revelación. El cuadro que encontró Ezequías es que había habitantes en Judá (lámparas), pero desconectados de Dios (sin aceite). Si queremos demarcar un nuevo tiempo para nuestras ciudades, hay que encender las lámparas. La intimidad con Dios es el aceite que necesitamos. Este aceite tiene un precio. No todo lo que tiene precio se vende. La intimidad es una de estas.

No quemaron incienso. Esto es una sustancia aromática que se quemaba en el tabernáculo y el templo. Se quemaba el incienso día y noche. Esto tipifica la vida de oración. Cuando hay una vida carente de una devoción por la oración, seremos como incienso no quemado. ¿Qué es una oración devocional?

En una ocasión uno de mis alumnos me preguntó si orar era hablar con Dios. Lo cual le contesté que, si partiéramos estrictamente de lo que él me exponía, la respuesta sería *no*. Todos los días nosotros tendemos a hablar con personas. Sin embargo, no con todos intimamos. Entiéndase aquí por intimidad, que no con todos nos detenemos a tener una conversación profunda. Por ejemplo, hay personas con las cuales intercambiamos palabras, mas no sabemos más allá de lo que hablamos.

Por ejemplo, al ir a un concesionario de comida y pedir el menú, ir a la estación de gasolina, saludar con unos "Buenos días" o "Dios lo bendiga". Al menos que conozcamos a la persona, nuestra interrelación se limita a lo expresado. Ahora si nos encontramos con alguien que conocemos, no solamente le expresamos, sino que hay intimidad; llámese abrazos, besos, conversación más profunda, etc. En otras palabras, el detalle no está en la oración en simplemente hablar con Dios, sino, si nos interesa detenernos a hablar con Dios.

Muchos oramos a Dios, pero lo hacemos de la misma forma que cuando conversamos con alguien que nos brinda algún servicio. Mas los que oran devocionalmente, se detienen a hablar, expresar, confesar, abrir el corazón como aquel que se encuentra con alguien que estima en gran manera. Ezequías no estaba interesado en que el pueblo orara sin sentido. Fue intencional en restaurar el sentido legítimo de la oración. Este iba a ser el perfume que se propagaría en Judá después de años de olor de la iniquidad. El incienso puro era una sustancia costosa obtenida de los árboles (Cnt. 4:14). La oración en su estado más puro siempre va hacer que se vuelva a quemar el incienso.

"La oración en su estado más puro siempre va hacer que se vuelva a quemar el incienso"

Ni sacrificaron holocausto. La palabra holocausto viene del hebreo *Alah* que significa *"hacer descender"*. En el griego es *holokautos* es *"quemar totalmente"*. Ezequías al evaluar se da cuenta de la magnitud del problema que el pueblo enfrentaba. Era un pueblo sacrificaba, pero no con un sentido de holocausto. Es decir, reconocían a Jehová-Dios, pero por rito no por vivencia. Para entender esto tenemos que remontarnos a la historia de Judá antes de Ezequías.

Recordarán que en el año 722 a.e.c., siendo rey Sargón II, la ciudad de Samaria fue sitiada, capturada y convertida también en una cabecera de provincia. Israel quedó dividido, pues, en cuatro provincias asirias. Mientras tanto Judá se había convertido en el 734 a.e.c., en un reinado satélite que rendía tributos a Asiria y se sometía a su política exterior. Esto sucedió durante el reinado de Acaz (padre de Ezequías) del 735 al 715 a.e.C (siglo VIII a.e.C.). En el mismo año Asdod de Filistea también fue convertido en reino satélite.

Jerusalén aun siendo la capital de Judá y centro del culto a Jehová, no evitó ser víctimas de ciertas injusticias de algunos. En el caso de Jerusalén, esto era denunciado por Isaías al cual le resultaba especialmente detestable que los líderes se presentaran como gente muy religiosa, consagrada a Yahvé, mientras vivían de la explotación del pueblo (Is. 1:10-17). Condenó también a los gobernantes que no hacían justicia a los débiles (Is. 10,1-4). La esperanza para el pueblo de Israel (Judá), según Isaías, es la venida de un rey bueno, el Mesías (Is. 9:1-6).

Por otro lado, Miqueas fue profeta cuyo mensaje era el sufrimiento de los pobres por consecuencias de la explotación de la ciudad. Hombres poderosos se apropiaban de las tierras de los campesinos (Miq. 2:1-3). En medio de todo surge como reformador Ezequías. ¿Cuál era la problemática en la espiritualidad antes de llegar Ezequías? Se iba al templo, se hacían todas las ofrendas que exigía la ley mosaica, pero el *Alah* de Dios no se daba. Se iba al templo, pero Dios no descendía. Había culto a Dios, pero el Dios del culto no estaba. Entonces, ¿Qué significa sacrificar holocausto? Ezequías devolvió la facultad al pueblo el sentido genuino de que no bastaba con ir al templo a buscar a Dios, sino que el descendiera y los ministrara.

Recuerdo que para finales de la década de los 90, en mi natal Puerto Rico, Dios levantó a un joven callado, que no tenía ningún título eclesiástico, anónimo para muchos, llamado Edgard M. Olivera Barreto. Este convocó a jóvenes de diferentes iglesias para orar por la ciudad. De más está decir, que lo que empezó como una reunión de POCOS, pronto fue una reunión de MUCHOS. ¿Sabes cuál era el enfoque? La oración de arrepentimiento por de sus pecados de nuestra ciudad y que volviéramos al temor a Jehová (Sal. 48: 1-2; Pr. 1:7).

Muchos de los que participamos en ese mover fuimos marcados para siempre. Vimos sanidades, liberaciones, reconciliaciones, la incidencia en delitos graves bajo considerablemente, pero lo más impactante fue la marca personal que dejó en cuanto a la importancia de la vida de oración devocional.

Nunca fuimos los mismos...

Acerca del Autor

C.F. Laracuente

Profesor en Teología, cronista, escritor y capellán. Posee un Bachillerato en Administración de Empresas y Mercadeo de la Universidad de Puerto Rico y Maestría en Artes de Religión del Seminario Evangélico de Puerto Rico. Actualmente, está completando su Doctorado en Ministerio en Asesoramiento y Cuidado de Familias. Fue el director regional de la Liga Bíblica de Puerto Rico. Ha sido profesor de Español y Literatura a nivel de Escuela Superior y para cursos de Ética y Teología en la Universidad Interamericana, la Universidad Pentecostal (Mizpa) y en el Seminario Teológico Conductual (CCFV).

Por más de 20 años, ha sido conferenciante tanto en Puerto Rico como en varios lugares del Caribe y USA. Es autor de dos libros: "Crónicas del Aanonimato: Anonigénesis (Vol. 1)", "Crónicas del Anonimato: Las 7 columnas (Vol. 2)". Actualmente, vive en Ponce, PR junto a su esposa, Lizbeth Díaz Alvarado, y sus hijos, Hannah Zoé y Ethan Jared.

1. C. BOFF, Theology and Praxis: Epistemological Foundations, Maryknoll 1987; GuTiéRttez G., Teología de la liberación, perspectivas, Sígueme, Salamanca 1975; MErz J.B., Teología del mundo, Sígueme, Salamanca 1969; MOLTMANN J., Teología de la esperanza, Sígueme, Salamanca 19773; VERKAMP B.J., On doing the Truth: Orthopraxis and the Theologian, en "TS" 49 (1988) 3-24.

2. L. Pacomio [et al.], Diccionario Teológico Enciclopédico, Verbo Divino, Navarra, 1995

3. Helenistas eran judíos que hablaban el griego y asimilaban su cultura.

4. Joseph Fitzmyer, Hechos de los Apóstoles I; Traducción, Introducción y comentario (1, 1-8, 40). (Salamanca: Ediciones Sígueme), 468-469. Sabemos que el servicio no es una trivialidad o menos importante. Pero para la comunidad del Mediterránea del siglo I d.e.C. el repartir en las mesas era visto como una actividad menospreciada.

5. Vine, Diccionario expositivo de palabras del Antiguo y Nuevo Testamento exhaustivo. (Nashville, TN: Editorial Caribe), 1999.

6. Joseph A. Fitzmyer, Los Hechos de los Apóstoles I: Traducción, introducción y comentario (1,1-8,40). (Salamanca: Ediciones Sígueme), 472.

7. (Del lat. vetus, -ĕris, viejo, y testamentario). adj. Perteneciente o relativo al Antiguo Testamento.

8. Friedrich Wilhelm Nietzsche fue un filósofo, poeta, músico y filólogo alemán, considerado uno de los pensadores contemporáneos más influyentes del siglo XIX. Realizó una crítica exhaustiva de la cultura, la religión y la filosofía occidental, mediante la genealogía de los conceptos que las integran, basada en el análisis de las actitudes morales (positivas y negativas) hacia la vida

9. Augusto Cury, 23.

10. Diccionario enciclopédico ilustrado. (Barcelona, España: Grupo editorial Uno), 1992.

11. Sigmund Freud, (padre de la psicología psicoanalítica).

12. Ernst Walter Mayr (1904- 2005) Era alemán y fue uno de los más notables biólogos evolutivos del siglo XX. Fue, además un renombrado taxónomo, explorador de los trópicos, ornitólogo, historiador de la ciencia y naturalista. Su obra contribuyó a la revolución conceptual que llevó a la síntesis moderna de la teoría de la evolución y al desarrollo del concepto biológico de especie.

13. Jorge Pixley, La historia de Israel vista desde los pobres. (Quito: EDICAY), 18-33.

14. William Hendriksen, Comentario al Nuevo Testamento: Evangelio de Mateo. (Grand Rapids, MI: Libros Desafío), 526-528.

15. Juan Ferrer (salmista)

16. Pastor Mario J. Guzmán (Pastor asociado de la Iglesia Cristiana de la Familia), Ponce P.R.

Made in the USA
Columbia, SC
22 July 2023

20646562R00054